GRAMMAIRE ARABE

(IDIOME D'ALGÉRIE)

A L'USAGE

DE L'ARMÉE ET DES EMPLOYÉS CIVILS DE L'ALGÉRIE

PAR

ALEXANDRE BELLEMARE

Ancien secrétaire interprète détaché à la direction des affaires de l'Algérie,

SUIVIE

DES FORMULES DE LA CIVILITÉ ARABE

D'APRÈS LES DOCUMENTS FOURNIS

PAR

M. le général de division DAUMAS

Conseiller d'État, Directeur des affaires de l'Algérie

OUVRAGE PUBLIÉ AVEC L'APPROBATION DE M. LE MINISTRE DE LA GUERRE

SUR LE RAPPORT D'UNE COMMISSION SPÉCIALE

ET ADOPTÉ PAR L'UNIVERSITÉ

DEUXIÈME ÉDITION

PARIS

HACHETTE ET Cie, RUE PIERRE-SARRAZIN, 12

ALGER — BASTIDE, IMPRIMEUR-LIBRAIRE | **CONSTANTINE** — ABADIE, IMPRIMEUR-LIBRAIRE

1854

GRAMMAIRE ARABE

IDIOME D'ALGÉRIE

POISSY. — TYPOGRAPHIE ARBIEU.

GRAMMAIRE ARABE

(IDIOME D'ALGÉRIE)

A L'USAGE

DE L'ARMÉE ET DES EMPLOYÉS CIVILS DE L'ALGÉRIE

PAR

ALEXANDRE BELLEMARE

Ancien secrétaire interprète détaché à la direction des affaires de l'Algérie,

SUIVIE

DES FORMULES DE LA CIVILITÉ ARABE

D'APRÈS LES DOCUMENTS FOURNIS

PAR

M. le général de division DAUMAS

Conseiller d'État, Directeur des affaires de l'Algérie

OUVRAGE PUBLIÉ AVEC L'APPROBATION DE M. LE MINISTRE DE LA GUERRE

SUR LE RAPPORT D'UNE COMMISSION SPÉCIALE

ET ADOPTÉ PAR L'UNIVERSITÉ

DEUXIÈME ÉDITION

PARIS

HACHETTE ET Cie, RUE PIERRE-SARRAZIN, 12

ALGER	CONSTANTINE
BASTIDE, IMPRIMEUR-LIBRAIRE	ABADIE, IMPRIMEUR-LIBRAIRE

1854

GRAMMAIRE ARABE.

IDIOME D'ALGÉRIE.

CHAPITRE PRÉLIMINAIRE.

Des parties du discours. — De la lecture. — Des consonnes ; de leur forme ; de leur valeur ; du mode adopté pour représenter les lettres arabes en caractères français ; rapport des consonnes arabes entre elles ; leur division en lettres *solaires* et en lettres *lunaires*. — Des voyelles. — Des signes orthographiques employés dans l'écriture usuelle ; des signes orthographiques non employés dans l'écriture usuelle. — De la ponctuation. — Des règles particulières aux lettres ا و ي, et à leur permutation.

SECTION PREMIÈRE.

DES PARTIES DU DISCOURS.

Les grammairiens arabes ne reconnaissent que trois parties du discours. Ils ont appelé NOMS tous les mots déterminant une *personne*, une *chose*, ou une *qualité*.

Tous les mots exprimant une idée d'*existence*, d'*état*, ils les ont nommés VERBES.

Ils ont enfin rangé sous le titre de PARTICULES tous les mots qui, n'étant ni *noms*, ni *verbes*, se joignent aux *noms* et aux *verbes* pour déterminer le rapport qui existe entre eux.

Les Arabes comprennent donc sous la qualification de NOMS, nos *substantifs*, nos *pronoms* et nos *adjectifs* ; sous celle de PARTICULES, nos *adverbes*, *prépositions*, *conjonctions*, *interjections* ; sous celle enfin de VERBES, nos verbes.

Les principes de l'arabe étant ceux que nous avons à expliquer, il est naturel que nous suivions l'ordre et la classification adoptés par les peuples qui parlent cette langue.

Le verbe,

Le nom,

La particule,

telles seront donc les trois grandes divisions de cette grammaire.

Mais aussi, comme nous écrivons pour des Français, nous aurons soin de parler séparément, sous chacune de ces trois grandes divisions, des divisions secondaires admises par notre langue. Ainsi, sous le titre du nom, nous traiterons séparément du *substantif*, du *pronom* et de l'*adjectif;* sous le titre de la particule, nous parlerons des *adverbes*, *prépositions*, *conjonctions*, etc.

Avant d'aborder toutefois ces diverses parties du discours et les règles qui les régissent, il est un premier point qu'il s'agit d'étudier, ce sont les caractères arabes, leurs formes, leur agencement entre eux; il s'agit, en un mot, d'apprendre à lire.

SECTION II.

DE LA LECTURE.

Les Arabes lisent et écrivent de droite à gauche. Le premier mot d'une page est donc dans leur langue le mot qui commence à droite la ligne supérieure, et la première page de leurs ouvrages est la dernière des nôtres.

L'alphabet arabe n'est composé, à proprement parler, que de *consonnes;* les *voyelles* consistent dans de petits signes placés au-dessus ou au-dessous des lettres, et que l'on supprime même en écrivant. De cette suppression naît, pour le commençant, une difficulté qui l'effraie d'une manière exagérée; nous chercherons à l'atténuer, autant que possible, par nos explications.

Les Arabes emploient, en outre, différents signes orthographiques que nous ferons connaître après avoir parlé des *consonnes* et des *voyelles.*

§ 1er. — DES CONSONNES.

Forme des consonnes.

L'alphabet arabe comprend *vingt-huit* consonnes dont la forme, bien qu'il soit toujours facile d'y reconnaître le type primitif, varie cependant suivant qu'elles sont :

1° Isolées ;
2° Liées seulement à la lettre suivante ;
3° Liées à la lettre précédente et à la lettre suivante ;
4° Liées à la lettre précédente seulement.

Le tableau suivant indique la conformation de ces lettres dans les quatre différentes positions que nous venons d'indiquer.

On devra faire une grande attention aux petits traits qui servent de liaison entre les consonnes arabes, et qui sont souvent le seul caractère auquel se distinguent les lettres placées au *commencement,* au *milieu,* ou à la *fin* des mots.

TABLEAU des consonnes arabes et des signes adoptés pour les représenter (1).

NOMS DES LETTRES		FIGURE DES LETTRES				Signes adoptés pour représenter les consonnes en caractères français.	Observations.
arabes.	franç.	Isolées.	Liées à la précédente.	Liées à la précédente et à la suivante.	Liées à la suivante.		
الف	Alif	ا	ـا	»	»	a, e, i, â	Ne se lie jamais à la suiv.
با	Ba	ب	ـب	ـبـ	بـ	b	
تا	Ta	ت	ـت	ـتـ	تـ	t	
ثا	Tsa	ث	ـث	ـثـ	ثـ	t *ou* ts	
جيم	Djim	ج	ـج	ـجـ	جـ	dj	
حا	Hha	ح	ـح	ـحـ	حـ	hh	
خا	Kha	خ	ـخ	ـخـ	خـ	kh	
دال	Dal	د	ـد	»	»	d	Ne se lie jamais à la suiv.
ذال	Zal	ذ	ـذ	»	»	d	id.
را	Ra	ر	ـر	»	»	r	id.
زين	Zeïn	ز	ـز	»	»	z	id.
طا	Thâ	ط	ـط	ـطـ	طـ	th	
ظا	Dhâ	ظ	ـظ	ـظـ	ظـ	dh	
كاڢ	Kaf	ك	ـك	ـكـ	كـ	k	
لام	Lam	ل	ـل	ـلـ	لـ	l	
ميم	Mim	م	ـم	ـمـ	مـ	m	
نون	Noun	ن	ـن	ـنـ	نـ	n	
صاد	Çâd	ص	ـص	ـصـ	صـ	ç	
ضاد	Dhâd	ض	ـض	ـضـ	ضـ	dh	
عين	A"in	ع	ـع	ـعـ	عـ	a", eu", i"	
غين	Rhain	غ	ـغ	ـغـ	غـ	rh	
ڢا	Fa	ڢ	ـڢ	ـڢـ	ڢـ	f	
ڧاڢ	Qâf	ڧ	ـڧ	ـڧـ	ڧـ	q	
سين	Sin	س	ـس	ـسـ	سـ	s	S sifflante.
شين	Chin	ش	ـش	ـشـ	شـ	ch	
ها	Ha	ه	ـه	ـهـ ـﻬـ	هـ	h	
واو	Ouaou	و	ـو	»	»	o, ou	Ne se lie jamais à la suiv.
يا	Ia	ي	ـي	ـيـ	يـ	i, a	

(1) Voir ci-après, page 7 : *Figuration en caractères français des consonnes arabes.*

Plusieurs grammairiens ajoutent à la précédente nomenclature un dernier signe qu'ils nomment *lam-alif* (لا); mais, comme son nom l'indique, ce signe n'est qu'un composé des deux lettres ل et ا (*lam* et *alif*) et, par conséquent, ce serait à tort que l'on voudrait le comprendre parmi les signes alphabétiques proprement dits.

Nous ajouterons cependant que dans certains mots pris par les Arabes, soit au turc, soit au persan, ils ont conservé des lettres étrangères à leur langue. Tels sont les caractères : پا *pa*, چ *tchin*, empruntés au turc, et qui se prononcent, le premier *p*, le second *tch*.

En examinant avec attention le tableau précédent, on a dû remarquer les diverses formes qu'affectent les caractères arabes, suivant qu'ils se trouvent au *commencement*, au *milieu*, ou à la *fin* d'un mot; mais ces variations n'ont pu apparaître encore que sur le caractère pris isolément. Il nous reste donc à faire connaître, d'une manière pratique, comment ces lettres s'agencent les unes avec les autres. A cet effet, nous avons réuni dans le tableau ci-après différents mots, pris au hasard, qui montreront les lettres arabes dans les trois positions qu'elles peuvent occuper.

Comme nous n'avons point encore expliqué la valeur des caractères arabes, on ne devra pas chercher à prononcer les mots que l'on va rencontrer; on se bornera simplement, à bien distinguer les uns des autres les signes alphabétiques, et à se graver leur configuration dans la mémoire.

(*Voir le tableau à la page suivante.*)

TABLEAU indiquant les différentes formes des consonnes arabes, suivant qu'elles se trouvent au *COMMENCEMENT*, au *MILIEU*, ou à la *FIN* des mots (1).

LETTRES arabes isolées.	LETTRES ARABES au commencement d'un mot.	LETTRES ARABES au milieu d'un mot.	LETTRES ARABES à la fin d'un mot.	OBSERVATIONS.
ا	اكتب	كاتب	جا	L'ا ne se lie jamais à la suivante.
ب	بارود	بيبان	باب	
ت	تاتي	متتابع	كنبت	
ث	ثعلب	كثر	خبيث	
ج	جاب	مجي	حاج	
ح	حاكم	يحكم	راح	
خ	خشب	بخدم	خوخ	
د	دليل	مدفع	صد	Le د ne se lie jamais à la suivante.
ذ	ذكر	مذكور	خذ	Le ذ id.
ر	رجل	مرجان	فار	Le ر id.
ز	زينة	لزم	عجوز	Le ز id.
ط	طالب	فطع	هبط	
ظ	ظلم	مظلوم	حفظ	
ك	كلب	تكلم	كتابك	
ل	لحم	ملبح	فال	
م	مرة	ممدود	لم	
ن	نخلة	منزل	دفن	
ص	صعد	نصب	لص	
ض	ضرب	ضعضع	ارض	
ع	علم	معشق	فلع	
غ	غزال	بغداد	بلغ	
ڢ	وڢير	طڢلة	ساڢ	
ف	فران	يفول	حف	
س	سكون	سمسم	اسس	
ش	شمس	يشوب	كبش	
ه	هبط	لها	ضربه	
و	وهران	فالوا	حلو	Le و ne se lie jamais à la suivante.
ي	يد	يسير	علي	

(1) La lettre qui est dans la première colonne se trouve reproduite dans les

Le tableau qui précède fait voir qu'il y a *six* lettres qui ne peuvent jamais se lier à la *suivante* ; ce sont : ا د ذ ر ز و. Toutes les autres se lient à la *précédente* et à la *suivante*.

Figuration en caractères français des consonnes arabes.

Sur les vingt-huit caractères de l'alphabet arabe,

1° *Seize* ont leurs correspondants dans notre langue ; ce sont :

ا ب ت ث د ذ ر ز ك ل م ن ف س ه ي.

2° *Trois* peuvent se rendre exactement par deux de nos lettres réunies ; ce sont :

ج ش و.

3° *Cinq* ont leurs correspondants, mais avec une légère intonation gutturale qui caractérise leur prononciation ; ce sont :

ص ض ط ظ ق.

4° *Quatre* enfin n'ont aucun rapport avec les caractères français ; ce sont :

ح خ ع غ.

On comprendra, d'après ces observations, l'impossibilité où nous nous trouvons de traduire exactement en caractères français tous les caractères arabes.

Nulle difficulté pour les lettres comprises *dans les deux premières catégories* ; quant à celles renfermées *dans les deux dernières*, nous n'avons pu en figurer qu'approximativement la prononciation. L'usage seul, et surtout l'usage avec les indigènes, pourra faire comprendre ce que la plume ne peut expliquer.

Nous allons toutefois indiquer la valeur des lettres arabes, pour celles qui ont leur correspondante dans notre langue. Quant aux autres, nous ferons connaître les *signes conventionnels* que nous avons adoptés pour les représenter, et qui sont, du reste, ceux que l'usage a le plus communément admis.

Prononciation et valeur réelle ou approximative des consonnes arabes.

1° (ا) — La lettre ا est, sans contredit, de toutes les lettres de l'alpha-

trois colonnes suivantes, sous toutes les formes qu'elle peut prendre. Nous n'avons pas indiqué, sur les mots qui les comportent, les signes orthographiques, parce que nous ne les avons pas encore expliqués.

bet, celle dont la prononciation subit le plus de variations, puisque cette prononciation change, selon la voyelle dont ا est affecté ou précédé (1).

Tantôt, en effet, ا se prononce *â* long, comme dans بغال *berhâl* (mulets);

Tantôt *a* ordinaire, comme dans سروال *seroual* (pantalon);

Tantôt il a le son de notre *e* muet, comme dans اكتب *ektob* (écris);

Tantôt de notre *i* bref, comme dans الي *ila* (vers);

Tantôt, enfin, il se supprime complétement, comme dans le pluriel des verbes, où l'ا final ne se fait jamais entendre. Ex.: ضربوا *dharbou* (ils ont frappé); نكتبوا *nektobou* (nous écrivons ou nous écrirons).

Dans le cours de cette grammaire, nous rendrons le son de l'ا par la voyelle française qui figurera le mieux la prononciation, dans le mot où il se trouvera placé.

2° (ب) — Le ب correspond exactement à notre *b* français.

Ex.: بابا *baba* (père;) بلاد *blad* (ville, pays).

3° (ت) — Le ت correspond à notre *t*.

Ex.: كتبت *ktabt* (j'ai écrit); تاتي *tati* (tu viendras) (2).

4° (ث) — Le ث équivaut régulièrement au *th* anglais, et il a cette valeur en Orient. Mais, en Algérie, on assimile complétement sa prononciation à celle du ت, excepté à la fin des mots, où le ث conserve le son du *th* anglais que l'on simplifie, le plus souvent, en lui donnant celui de l'*s*.

Ex.: اكثر *aktar* (plus).

حاديث *hhadits* ou *hhadis* (histoire).

5° (ج) — Le ج répond à notre *dj*.

Ex.: جا *dja* (il est venu); دجاجة *dedjadja* (une poule).

6° (ح) — Le ح est l'une des lettres dont nous avons signalé la prononciation comme intraduisible au moyen des caractères français; nous la rendrons donc par le signe de convention *hh*.

(1) Voir, ci-après, à la fin du *chapitre préliminaire*, les règles de permutation des lettres ا و ي.

(2) Les habitants d'Alger prononcent cependant le ت arabe *ts*. Au lieu de dire كتبت *ktabt*, ils prononcent *ktsabts*.

Cette lettre s'obtient au moyen d'une aspiration très-forte qui doit sortir nette et pure du fond de la poitrine, sans éprouver aucun arrêt dans le gosier.

Ex. : ريح *rihh* (vent) ; دبح *dbahh* (il a égorgé).

Il sera indispensable, dès le principe, de s'habituer à prononcer cette lettre avec des indigènes, ou des personnes parlant bien l'arabe, et surtout d'observer que le ح doit sortir, comme nous venons de l'indiquer, *net et pur* de la poitrine ; car, si le son s'arrêtait dans la gorge, on pourrait facilement confondre cette lettre avec la suivante.

7° (خ) — Le خ est une aspiration plus forte encore que le ح, et cependant beaucoup plus facile à reproduire. Ce qui constitue, en effet, la grande difficulté du ح, c'est la franchise de son émission ; dans le خ, au contraire, l'aspiration n'est pas franche, elle doit être accompagnée d'un raclement dans le gosier, d'un effort que nous ne saurions mieux comparer qu'à celui que l'on fait en crachant.

Pour cette lettre, comme pour la précédente, nous n'avons pas de caractère qui puisse en rendre le son. Nous aurons donc encore recours à un signe de convention qui sera *kh*.

Le خ correspond au *ch* des Allemands et au *j* des Espagnols.

Ex. : خبر *khabar* (il a annoncé) ; خبز *khobz* (pain).

8° (د) — Le د équivaut à notre *d*.

Ex. : دقدق *daqdaq* (il a frappé à petits coups) ; دين *dîn* (religion).

9° (ذ) — Le ذ, bien que la prononciation régulière soit celle de *dz*, est assimilé complétement en Algérie au د.

Ex. : هذا *hada* (ce) ; الذي *alledi* (lequel) ; خذ *khod* (prends).

10° (ر) — Le ر équivaut à notre *r* dur.

Ex. : دار *dar* (maison) ; كافر *kâfer* (infidèle).

11° (ز) — Le ز répond à notre *z*.

Ex. : جزاير *djezair* (Alger) ; زيبان *zibân* (nom de pays).

12° (ط) — Le ط est la lettre forte du ت. Il se prononce avec une sorte d'emphase, ce qui lui a fait donner, ainsi qu'au ظ, au ص, au ض et au ق, le nom de lettre *emphatique*.

La prononciation du ط s'obtient en faisant sortir le son du ت du fond du gosier.

Pour indiquer cette emphase, et distinguer cette lettre du ت simple, nous rendrons le ط par le signe de convention *th*.

Ex. : طراد *thrad* (combat); طالب *thâleb* (savant).

13° (ظ) — Le ظ est encore une lettre *emphatique*, à laquelle se rapportent, par conséquent, les précédentes observations.

Quelques peuples de l'Orient font sonner le ظ comme un *z* guttural ; le ظ équivaut en Algérie à un *d* prononcé avec emphase, et par conséquent il est complétement assimilé au ض par les indigènes de ce pays. (Voir ci-après la lettre 19e). Pour distinguer le ظ du د simple, nous exprimerons le premier par *dh*.

Ex. : ظلم *dhalam* (il a commis une injustice) ; حفظ *hhafadh* (il a conservé).

14° (ك) — Le ك équivaut à notre *k*.

Ex. : دارك *dârak* (ta maison) ; كلام *klâm* (discours).

15° (ل) — Le ل correspond à notre *l*.

Ex. : قال *qâl* (il a dit) ; لالة *lella* (dame).

16° (م) — Le م répond à notre *m*.

Ex. : مكّة *mekka* (la Mekke) ; مكتوب *maktoub* (lettre).

17° (ن) — Le ن équivaut à notre *n*.

Ex. : نار *nâr* (feu) ; نخلة *nakhla* (palmier).

18° (ص) — Le ص est une des lettres que nous avons appelées *emphatiques*. Il a le son du س ou *s*, avec cette différence qu'il se prononce du gosier.

Dans l'impossibilité où nous sommes de représenter exactement le ص par une lettre française, nous l'exprimerons par un *ç*, afin de le faire distinguer du س que nous traduisons par une *s* simple.

Ex. : صرّاف *çarrâf* (changeur) ; صدر *çodr* (poitrine).

19° (ض) — Le ض qui ne diffère de la lettre précédente que par le point placé au-dessus, est encore une des lettres *emphatiques*. Le ض est la forte du د ; ce qui le caractérise, c'est le son guttural qui accompagne sa prononciation et que l'on obtient en dilatant le gosier. Nous rendrons le ض par *dh*, réservant le *d* simple pour représenter le د.

Ex. : ضرب *dharab* (il a frappé) ; ضيف *dhîf* (hôte).

Du reste, comme nous l'avons déjà fait remarquer, la prononciation du ض se confond avec celle du ظ, et ces deux lettres ne se distinguent guère que dans l'écriture.

20° (ع) — Le ع n'a point d'analogie avec nos sons européens, et, par conséquent, il y a impossibilité de le traduire par l'un de nos signes alphabétiques. On ne pourra donc se faire une idée de cette lettre qu'en l'entendant prononcer.

Tout ce que nous pouvons dire, c'est que le son du ع ne s'obtient qu'au moyen d'une contraction puissante du gosier. Selon la voyelle qui affecte le ع, le son de cette lettre doit être celui de l'*a*, de l'*i* ou de la diphthongue *eu* prononcé avec effort.

En transcrivant les caractères français, nous emploierons, suivant les cas, pour représenter le ع, les lettres *a*, *i*, ou la diphthongue *eu*, surmontés du signe ″ afin d'appeler sur ce caractère l'attention toute spéciale du lecteur.

Ex. : قطع *qatha″* (il a coupé); علم *i″lm* (science); علوم *eu″loum* (sciences).

21° (غ) — Le غ ne se distingue du ع, que par le point placé au-dessus. Cette lettre correspond à notre *r* grasseyé. Nous le rendrons par *rh*, pour marquer que sa prononciation diffère de celle du ر.

Ex. : غريب *rharib* (étranger) ; غربي *rharbi* (occidental).

22° (ڢ) Le ڢ correspond exactement à notre *f*. Les orientaux l'écrivent en plaçant le point au-dessus, de cette manière ف ; les occidentaux, au contraire, mettent, comme on le voit, le point au-dessous.

Ex. : ڢطور *fthour* (déjeuner); ڢلڢل *felfel* (poivre).

23° (ڧ) — Le ڧ diffère du ڢ, par le point qu'il porte au-dessus.

Les orientaux l'écrivent avec deux points, ainsi qu'il suit ق.

On écrira donc en Algérie ڧال *qâl* (il a dit), et en orient قال.

Le ڧ peut se rendre par un *q* fortement accentué. Sa prononciation diffère de celle du ك, en ce qu'on articule le premier d'une manière gutturale.

Dans certaines parties de l'Algérie, et notamment dans l'intérieur et dans la province d'Oran, les Arabes prononcent le ڧ comme un *g* dûr. Ils diront donc : ڧالوا *gâlou* (ils ont dit), au lieu de *qâlou*.

Cette prononciation étant exceptionnelle, nous traduirons le ق par la lettre française *q*, et le ك par le *k*.

Ex. : قدّاش *qaddach* (combien) ; قران *qorân* (koran) (1).

24° (س) — Le س répond exactement à notre *s* sifflante.

Ex. : سدس *souds* (un sixième) ; سلطان *soulthân* (roi).

25° (ش) — Le ش se distingue de la lettre précédente par les trois points qui le caractérisent. Il équivaut à notre *ch*.

Ex. : شقاشر *cheqâcher* (des bas) ; اش *ach* (quoi ?).

26° (ه) La prononciation du ه, au commencement ou au milieu d'un mot, correspond à notre *h* aspirée, dans les mots *Henri*, *héros*.

Ex. : هرب *harab* (il a fui) ; جاهل *djâhel* (ignorant).

A la fin d'un mot, le ه, s'il est pronom affixe (*voir au chap. des pronoms ce que c'est qu'un pronom affixe*), subit l'influence de la voyelle qui l'affecte (2). Si cette voyelle est ُ *dhomma*, il prendra le son *ho* et *hou* ; si cette voyelle est ِ *kesra*, il prendra le son de *ih*.

Ex. : ضربه *dharab-ho* (il a frappé lui) ; ضربه به *dharab-ho-bih* (il a frappé lui avec....)

Enfin ه, à la fin d'un mot, surmonté de deux points (ة), peut se prononcer de deux manières différentes :

1° Il se prononce *a*, lorsque le mot qui le suit ne commence pas par l'article ال ;

2° Il se prononce *at* bref, dans le cas contraire, et toutes les fois que le mot qui suit est régi par celui qui se termine par la lettre ة.

Ex. : هذي المرة طويلة *hadi-l mara thouila* (cette femme est grande).

خليفة السلطان *khalifat es- soulthân* (le lieutenant du sultan).

شاشية عبدالله *chachiat a''bd-allah* (la calotte d'Abdallah).

27° (و) Le و répond à notre diphthongue *ou*.

Ex. : ورد *ouard* (rose) ; جاسوس *djâsous* (espion).

(1) Dans certains mots que les Arabes ont le plus souvent tirés du Berbère, on rencontre la lettre suivante ڨ, qui ne se distingue du ب et du ق que par le nombre des points. Le ڨ se prononce comme notre *g*.

(2) Voir également ci-après, page 15, l'article *voyelles*.

28° (ي) Le ي, au commencement et au milieu des mots, se prononce toujours *i*.

Ex. : يكتب *iktob* (il écrit) ; كيف *kif* (comment?).

A la fin des mots, il se prononce tantôt *i*, tantôt *a*.

Ex. : اللّي *elli* (lequel) ; إلي *ila* (vers).

L'usage, et les développements qui seront donnés ci-après, apprendront dans quel cas on doit prononcer *i*, et dans quels autres on doit prononcer *a* (1).

Rapport des consonnes arabes entre elles.

Les lettres arabes peuvent être considérées entre elles sous deux rapports différents :

1° *Quant à leur forme*

2° *Quant à leur valeur.*

1° Quant a leur forme. Il suffit de jeter les yeux sur le tableau des caractères arabes, pour voir, qu'à l'exception des trois lettres ك, م et ه, qui n'ont aucune similitude avec les autres, les vingt-cinq lettres restant se répartissent en dix catégories, et que chacune des lettres de ces catégories se distingue seulement par les points.

Il est donc bon que l'on se grave, dès l'abord, dans la mémoire ces dix groupes principaux, et que l'on retienne le signe caractéristique de chacune des lettres qui les composent.

En voici le tableau :

1°	ب ت ث ن ي	6°	ص ض
2°	ج ح خ	7°	ف ق و
3°	د ذ	8°	ا ل
4°	ر ز	9°	س ش
5°	ط ظ	10°	ع غ

(1) Le motif de cette différence de prononciation vient de la voyelle qui affecte le ي.

En ajoutant aux vingt-cinq lettres, ci-dessus, les trois lettres ك, م, ه qui n'ont de ressemblance, quant à la forme, avec aucune des autres, on obtient les vingt-huit lettres de l'alphabet.

2° QUANT A LEUR VALEUR. Il est à remarquer que, parmi les lettres arabes, il en est plusieurs qui ont une lettre correspondante qui est leur *forte*, et avec laquelle il serait très-facile de les confondre si l'on ne s'appliquait, dès le commencement, à bien faire sentir la différence qui les caractérise. Nous l'avons déjà dit, nous ne pouvons faire apprécier, avec nos signes alphabétiques, ces différences si importantes qui sont perceptibles seulement pour l'oreille.

Nous n'avons donc pas la prétention d'apprendre, par le tableau ci-après, à prononcer exactement les lettres fortes. Notre intention est seulement de les signaler à l'attention du commençant.

Lettre simple.	Valeur en français.	Lettre forte correspondante.	Signe conventionnel adopté pour représenter la lettre forte.
ت ث	T.	ط	TH.
ه	H.	ح	HH.
د ذ	D.	ض ظ	DH.
ك	K.	ق	Q.
س	S.	ص	Ç.

Les lettres fortes ne sont donc autre chose que le son primitif de la lettre simple émis du gosier.

Division des lettres arabes en solaires et lunaires.

Les Arabes divisent leurs lettres en *lunaires* (قمرية *qamaria*), et *solaires* (شمسية *chamsia*).

Les lettres *solaires* sont : ت ث د ذ ر ز س ش ص ض ط ظ ل ن.

Les lettres *lunaires* sont : ا ب ج ح خ ك م ع غ ف ق ه و ي.

Cette division des lettres en *solaires* et *lunaires* n'influe sur la prononciation que dans les mots qui sont précédés de l'article ال *al*.

Voici la règle qui, du reste, est purement une règle d'euphonie.

Toutes les fois qu'un mot, commençant par une lettre *solaire*, est précédé de l'article ال *al*, le ل de cet article se change, dans la prononciation, en la lettre solaire qui le suit.

Ainsi, dans le mot الرحيم (le miséricordieux), au lieu de prononcer *al-rahhim*, on devra dire *ar-rahhim;* dans le mot الشمس (le soleil), au lieu de prononcer *el-chams*, on dira *ech-chams*.

§ 2. — DES VOYELLES.

Les Arabes appellent les voyelles حركات *hharakat*, ce qui signifie *motions*, motions des consonnes par conséquent.

Les voyelles sont au nombre de *trois;* elles consistent en trois petits signes qui se placent au-dessus ou au-dessous des consonnes, dont elles servent à déterminer la prononciation.

Le tableau suivant indique le *nom*, la *forme* et la *valeur* de ces signes,

NOMS.	FORME.	VALEUR.
فتحة *fathha.*	ـَـ	*a, e* brefs.
كسرة *kesra.*	ـِـ	*i* bref.
ضمة *dhomma.*	ـُـ	*o* bref.

Lorsque ces signes s'appliquent à des inflexions finales, ils changent de nom.

فتحة *fathha* ـَـ prend le nom de نصبة *naçba.*
كسرة *kesra* ـِـ . . . . خفضة *khafda.*
ضمة *dhomma* ـُـ . . . . رفعة *rfa".*

On voit par ce qui précède que le signe ـَـ se place au-dessus de la consonne qu'il fait mouvoir; le signe ـِـ au-dessous, et le signe ـُـ au-dessus, de la manière suivante: بَ بِ بُ.

Dans l'arabe régulier, les voyelles finales servent à indiquer les cas de la déclinaison. Nous verrons plus tard que l'usage n'admet pas ce genre de déclinaison, et supprime l'inflexion finale dans la prononciation.

A la fin des mots, les trois signes ـَ ـِ ـُ peuvent être redoublés; ils prennent alors le nom de تنوين *tanouin* et se prononcent :

Ex. : ـً *ân.*

ـٍ *în.*

ـٌ *oun.*

A l'exception du signe ـً *ân*, qui sert quelquefois à former certains adverbes, l'usage n'admet pas dans l'écriture ces différents signes voyelles que l'on rencontre seulement dans le Koran et dans certains manuscrits soignés d'ouvrages anciens; mais, bien qu'elles ne soient pas écrites, on n'en tient pas moins compte dans la prononciation, *à l'exception des voyelles finales.*

Toutefois lorsqu'un mot, formé des mêmes consonnes, peut avoir un sens différent, selon les voyelles dont il est affecté, on doit avoir soin, dans l'écriture, de marquer les signes voyelles. Ainsi le mot من, composé des deux consonnes م et ن, peut signifier également *de* (préposition), et *lequel* (pronom), suivant qu'il est marqué d'un ـَ ou d'un ـِ. Il sera donc bien, dans ce cas, d'indiquer la voyelle et d'écrire مَن *men* (lequel); مِن *min* (de).

Il résulte de ces observations que l'écriture arabe est réellement une écriture sténographique, puisque, par suite de la suppression des signes voyelles, on prononce plus de lettres que l'on n'en écrit.

Prenons pour exemple le mot كتب. Ce mot ne se compose que des trois consonnes ك, ت, ب, et cependant l'on prononce réellement *cinq* lettres : *katab.* C'est qu'en effet, d'après les règles de l'arabe grammatical, on devrait écrire كَتَبَ et prononcer *kataba;* or, en supprimant la voyelle finale que l'arabe parlé n'admet pas, il reste *katab.*

Ce que nous venons de dire, peut donc se résumer dans ces deux règles :

1° *En écrivant,* on sous-entend toutes les voyelles et la plupart des signes orthographiques qu'exigerait la grammaire;

2° *En parlant,* on prononce toutes les voyelles à l'exception des voyelles finales.

L'exemple suivant rendra ces observations plus palpables, en montrant d'une part l'orthographe et la prononciation de l'arabe régulier, et de l'autre l'orthographe et la prononciation usuelle

غَزَالٌ مَرَّةً عَطِشَ فَنَزَلَ إِلَى جُبِّ مَاءٍ فَشَرِبَ مِنْهُ *

minhou fa-charaba main djobbi ila fa-nazela athecha marratán rhazaloun

C'est ainsi que l'on écrirait et que l'on prononcerait, en observant toutes les règles de la grammaire. Voyons maintenant comment l'on écrira et comment l'on prononcera dans l'usage :

عزال مرة عطش فنزل الي جب ماء فشرب منه *

minhou fa-charab ma djobb ila fa-nazel athech marra rhazal

Dans cette seconde phrase, conformément à la règle posée ci-dessus, *toutes les voyelles* ont été supprimées en écrivant, et, dans la prononciation, il a été tenu compte *de toutes les voyelles*, à l'exception des *voyelles finales*.

Nous devons ajouter que les Arabes, en parlant, ne font pas toujours entendre la voyelle régulière, mais un certain son qui n'est ni celui de l'*a*, ni celui de l'*e*, ni celui de l'*o*, et qui est une sorte d'intermédiaire entre le son de l'*e* et celui de l'*a*.

C'est ainsi également que, dans la rapidité de la prononciation, ils suppriment, surtout dans les mots de quelque étendue, la voyelle de la première syllabe. Ils diront donc, par exemple : *tkattab*, pour *tekattab*.

§ 3. — DES SIGNES ORTHOGRAPHIQUES.

Les Arabes se servent de différents signes orthographiques, dont quelques-uns sont employés dans l'écriture usuelle elle-même, et qu'il est indispensable de connaître.

1° Signes orthographiques employés dans l'écriture usuelle.

Sur les cinq signes orthographiques des Arabes, deux seulement, mais les deux plus importants, se rencontrent fréquemment dans le style ordinaire. Ce sont le تشديد *techdid* et le همزة *hamza*.

1° Techdid. Le *techdid* (تَشْدِيد), ou *chedda* (شَدَّة), signifie *renforcement, redoublement*. Il a la forme suivante (ّ). Placé au-dessus d'une lettre, il indique que cette lettre doit être redoublée dans la prononciation.

Ex. : كتّب *kattab* (il a fait écrire) ; صلّي *çalla* (il a été propice) ; تكلّم *tkellem* (il a parlé avec...).

Nous dirons plus tard, en parlant des verbes dérivés, quelle influence ce signe peut avoir sur le sens d'un mot.

2° Hamza. Le همزة *hamza*, qui se figure ainsi (ء), indique toujours la présence d'un ا *exprimé ou sous-entendu.*

Le ء se place au-dessus, ou au-dessous de l'ا, suivant la voyelle dont cette consonne est affectée ; quelquefois aussi il se met au-dessus ou au-dessous du و ou du ي, mais alors il fait connaître que, par suite des règles de la permutation de ces trois lettres, que nous expliquerons tout à l'heure, ce و ou ce ي tiennent lieu d'un ا.

Ex. : رؤوس *rouous* (têtes), pluriel de راس ; مؤمن *moumen* (croyant), participe passif du verbe أمن *aman* (croire).

Le ء montre que l'ا est radical et qu'il doit se prononcer comme une sorte d'hiatus, ou comme un ع très-faible, dont il pourrait être considéré comme le diminutif, et avec lequel il a d'ailleurs quelque similitude de configuration.

Ex. : يأخذ *ia-khod* (il prend) ; نأمن *na-men* (je crois).

Souvent même il arrive que l'on supprime complétement l'ا qui supporte le ء ; on écrira donc :

يسْئل *isal* pour يسأل (il demande) ; ماء *ma* pour ماا (eau).

Il faut avoir soin, dans ce cas, de mettre le ء au-dessus de l'endroit que devrait occuper l'ا dont il tient lieu.

2° Signes orthographiques non employés dans l'écriture usuelle.

Outre les deux signes orthographiques dont il vient d'être question, les Arabes en possèdent trois autres qui ne sont pas employés dans l'écriture usuelle, et que nous n'indiquons ici que parce qu'on peut les rencontrer dans les manuscrits soignés et quelquefois aussi dans les actes des kadis.

1° Djezm ou skoun. Le جزم *djezm* ou سكون *skoun* se figure ainsi (ْ). Il se met au-dessus des lettres qui terminent les syllabes, pour marquer celle sur laquelle le lecteur doit s'arrêter en prononçant.

Ex. : عقْرب *a''q-rab* (scorpion) ; اكْبر *ak-bar* (plus grand).

Ce signe qui sert à séparer les syllabes les unes des autres, n'étant pas admis dans l'écriture ordinaire, on se demandera, sans doute, comment il sera possible de reconnaître la lettre qui les termine, et sur laquelle on devra se reposer.

A cela nous pourrions répondre qu'il en est de même en français, car rien n'indique dans notre langue, si l'on doit prononcer *scor-pion*, ou *scor-pi-on* ; mais cette réponse peu satisfaisante ne résoudrait en rien la difficulté. Nous chercherons donc à l'aplanir en donnant au commençant, sinon des règles fixes, et qu'il pourrait considérer comme invariables, du moins des *probabilités* qui approcheront beaucoup de la certitude.

On peut d'abord partir de ce principe que les mots arabes, dans la prononciation, ne forment que très-rarement plus de trois syllabes.

Pour former une syllabe, il faut deux consonnes et une voyelle sous-entendue. Cependant, comme nous le verrons, ا و ي, peuvent souvent tenir lieu de voyelle ; il faudra donc, dans ce cas, compter ces lettres comme des voyelles.

Ces principes posés, nous dirons :

1° Que les mots composés de *deux* ou *trois* lettres ne forment le plus souvent qu'une seule syllabe.

Ex. : في *fi* (dans) ; كان *kân* (il a été) ; شمس *chams* (soleil).

2° Que les mots composés de *quatre* lettres forment deux syllabes.

Ex. : حاكم *hhâkem* (commandant) ; كتاب *kitab* (livre).

3° Que les mots composés de *cinq* lettres forment tantôt *deux*, tantôt *trois* syllabes, mais plus généralement *deux*, à cause de la rapidité avec laquelle on passe sur la première voyelle que l'on supprime par le fait.

Ex. : قصدنا *qçad-na* (nous avons désiré) ; حوانت *hhou-â-net* (boutiques).

4° Que les mots composés de plus de *cinq* lettres forment *trois* syllabes.

Ex. : استخبر *ist-akh-bar* (il s'est informé) ; مستغانم *most-rhâ-nem* (Mostaganem).

2° Oueçla. Le signe orthographique وصلة *ouèçla*, qui se figure ainsi (ٱ) ne se place jamais que sur l'ا initial. Il indique que cet ا doit s'élider complétement dans la prononciation, et que la lettre qui le suit s'unit avec la dernière lettre du mot précédent.

Ex. : الشمس وٱلريح *ech chams ouar-rihh* pour *oua er-rihh* (le soleil et le vent).

3° Medda. Le signe *medda* مدّة (آ), de même que le signe précédent, se place uniquement sur l'ا ; dans ce cas, ا doit se prononcer *â* long

Ex. : سمآ *semâ* (ciel).

De la Ponctuation.

La ponctuation est inusitée chez les Arabes. On n'en trouve guères de trace que dans la versification, où l'on se sert de différents signes, à la volonté de l'écrivain, pour marquer l'hémistiche, et dans les manuscrits soignés du Koran, pour indiquer la fin des versets. Nous signalons les suivants comme les plus communs : ※ , ، ، ، ، .

Les lettres capitales sont totalement inconnues aux Arabes; seulement, dans les manuscrits, le premier mot des chapitres est quelquefois écrit en caractères plus gros que les autres, et avec des encres de diverses couleurs.

Aucun signe n'indique donc, à proprement parler, soit le commencement, soit la fin des phrases; nous ajouterons qu'il en est de même des alinéa.

La seule manière qu'aient les Arabes de déterminer les temps de repos principaux, ce sont certaines particules que l'on pourrait comparer à nos mots *or*, *cependant*. La plus en usage est la lettre ف que l'on place en tête des mots qui commencent les phrases.

Ex. : فقال له محمد *fe-qâl-lo Mohhammed* (or a dit à lui Mohammed).

On se sert aussi de la particule ثم *toum* (ensuite), بعد *ba''d* (après), et de وأما *oua-amma* (quant à). Ce dernier mot, spécialement réservé au style écrit, indique en général un repos plus prolongé que celui du ف.

Les règles posées dans ce chapitre, en faisant connaître, d'une part, la conformation et la valeur soit réelle, soit approximative des lettres arabes ; de l'autre, les signes orthographiques en usage dans l'écriture, doivent mettre à même, sinon de lire correctement, du moins de commencer à déchiffrer les mots. Afin de faciliter l'étude de la lecture, nous transcrivons ci-après le texte d'une lettre arabe, en indiquant, aussi approximativement que possible, la prononciation au-dessous. Nous donnerons la traduction de cette lettre dans les exercices qui terminent cette grammaire (1).

LETTRE du Kaïd de la tribu des Aribs au général d'Erlon, gouverneur général de l'Algérie.

الحمد للّه وحده و لا اله غيره و لا معبود سواه

soua-ho ma''boud la oua rheir-ho ila la oua ouahhad-ho lilla al-hhamd

الي مَن ولاه اللّه في ارضه و ملكه امور عباده

i''bâd-hi oumour mellek-ho oua ardhi-hi fi allah ouella-ho men ila

الذي قلبه حليم و فعله كريم و شانه عظيم و

oua a''dhîm chân-ho oua krîm fa''l-ho oua hhalîm qalb-ho elledi

قدره واضح جسيم السلطان المفخم الاسعد خليفة

khalifat al-asa''d al-mfakham es-soulthân djessîm ouâdhehh qadr-ho

الفرنساوية حاكم ببلاد الجزاير اعانه اللّه و

oua allah aa''n-ho al-djezâir bi-blad hhâkem al-fransâouia

حماه امين السلام عليك يا مالك الزمان و

oua ez-zemân mâlek ia a''leïk es-selâm amin hhama-ho

سلطان العصر و الاوان اخلد اللّه دولتك و

oua doulét-ak allah akhled el-aouân oua el-a''çr soulthân

(1) Cette lettre est tirée de la chrestomathie de M. Bresnier, professeur d'arabe à la chaire d'Alger. M. Bresnier a réuni dans cet ouvrage un certain nombre de lettres et pièces arabes dont il a accompagné la traduction de notes pleines d'érudition. Ce recueil est éminemment utile à tous ceux qui veulent se consacrer à l'étude de cette langue, et de l'idiome algérien notamment, parce qu'on y trouve les différentes formules de lettres et d'actes usités dans ce pays.

انالك بطول الاعمار و انفذ حُكمك ابعد اللّه
allah aba"d hhokm-ak enfed oua al-aa"mar bi-thoul anal-ak

عنّا و عنك جميع الاشرار يليه ايها السلطان
es-soulthân aiha ' ıelih al-echrâr djemi" a"n-ak oua a"n-na

فانه اتانا الاعز كتابك و الاكرم خطابك
khethab-ak al-ekrâm oua ktâb-ak al-aa"z ata-na fa-en-ho

في الكزيطة و اجتمعنا عليهِ و قرأناه و
oua qrana-ho oua a"lei-hi idjtema"-na oua l-kzitha fi-

فهمنا معناه فعلي الراس وضعناه و بالفمّ
b-ıl-foum oua ouedha"na-ho er-ras fe-a"la ma"na-ho fehemna

قبلناه و فرحنا بهِ و عظمناه كثيراً
ktirân a"dhamna-ho oua bıh frahhna oua qbalna-ho

بقدومك الي بلادنا بحكم العدل و الحق
el-hhaqq oua al-a"del bi-hhokm blad-na ila bı-qoudoum-ak

نطلب من اللّه تعالي يفتح لك الابواب
al-aboudb lak ieftahh ta"ala allah min nethlob

فواللّه لقد اسررنا ذلك و شكرنا علي ما
ma a"la chakarna oua dalik asrarna liqad fa-ou-alla

اوّلاكم هنالك الولاية السعيده و نعلموك بهِ
bıh na"lemou-k oua es-sa"ıda el-ouelaïat hnalek aouella-koum

ها نحن سامعين لامرك طايعين خاضعين جماعة
djema"at khadha"în thaıa"ın li-amr-ak sâma"in nahhn ha

عريب الفاطنين براسوطا كلهم و لا زايد بعد
ba"d zaïd la oua koul-hom bı-rasoutha al-qâthenîn a"rib

هذا سوا حبّنا و السوال الكثير منّا عن
a"n minna al-ktir es-soual oua hhobb-na soua hada

كلّية احوالك المرضية و يعوّد السلام منّا
min-na es-selâm ia"oued oua al-mordhia ahhoual-ak koulliet

علي جميع اهل ديوانك و حكّامك و في هذه

hadi fi oua hhokkâm-ak oua diouân-ak ahel djemi" a"la

كفاية و السلام ممن كُتب عن اذنه محبّكم

mohhab-koum idn-hi a"n kotib mimen es-selâm oua kfaïa

و مريد الخير اليكم السيد الحاج مسعود بن

ben msa"oud el-hhadj es-seïd ileikoum al-kheïr merid oua

زكري فايد عريد لطف اللّه بالجميع امين

amin bil-djemi" allah lathaf a"rib qaïd zekri

بتاريخ يوم الاربعة من جمادي الثانية سنة الف

elf senat et-tania djemâdi min al-arba"a ioum bi-tarikh

و مايتين و خمسين *

khamsin oua miteïn oua

SECTION III.

DES RÈGLES PARTICULIÈRES AUX LETTRES ا, و, ى, ET A LEUR PERMUTATION.

Toutes les irrégularités apparentes de l'arabe ont leur principe *dans l'influence qu'exercent les voyelles sur les trois lettres* ا و ى. Il est donc nécessaire que nous appelions l'attention sur les observations suivantes qui contiennent la clef et l'explication de toutes les difficultés de cette langue.

Nous avons dit plus haut que les vingt-huit lettres de l'alphabet arabe étaient des consonnes. Nous ajouterons toutefois que *trois* de ces consonnes peuvent, dans certains cas, servir au prolongement des voyelles avec lesquelles elles s'identifient, *et perdre alors leur caractère de consonnes*; ces trois lettres sont : ا و ى.

N'oublions pas, tout d'abord, que les véritables voyelles ـَ, ـِ, ـُ, quoique supprimées dans l'écriture usuelle, n'en subsistent pas moins; et la preuve c'est qu'elles se prononcent.

Remarquons ensuite que les trois voyelles ـَ (a), ـِ (i), ـُ (o), ont une corrélation avec les trois lettres ا (a), و (o), ى (i).

Ainsi : ا correspond à ـَ فَتْحَة *fathha.*

و — à ـُ ضَمَّة *dhomma.*

ى — à ـِ كَسْرَة *kesra.*

Ces premières observations faites, entrons dans l'application.

Les trois lettres ا و ى peuvent être *quiescentes* ou *mobiles.*

1° Elles sont dites *quiescentes*, lorsque, privées elles-mêmes de voyelle, elles sont précédées *par leur voyelle analogue*, c'est-à-dire, ا par ـَ, و par ـُ, ى par ـِ. Alors ا و ى, se prononcent *longs*, ou plutôt servent de lettres de prolongation à la voyelle qui les précède et avec laquelle ils se confondent.

Ex. : كِتَاب *kitâb* (livre); قُلُوب *qloûb* (cœurs; يَسِير *iesîr* (il devient).

2° Elles sont dites *mobiles*, lorsque, privées de voyelle, elles sont précédées par une voyelle *qui n'est pas leur analogue*. Ainsi و précédé par ـَ ou par ـِ est mobile, car l'*analogue* du و est la voyelle ـُ.

Cette qualification indique par elle-même que la lettre *mobile* doit subir une variation.

En effet, toutes les fois que ا و ي, sont *mobiles*, c'est-à-dire, précédés d'une voyelle qui *n'est pas leur analogue*, ils se changent en la lettre qui est l'*analogue* de la voyelle qui les précède, et subissent par conséquent son influence. Ainsi,

ا précédé par { ـِ *kesra*, se change en la lettre ي, analogue de ـِ ; ـُ *dhomma*, se change en la lettre و, analogue de ـُ ;

و précédé par { ـَ *fathha*, se change en la lettre ا, analogue de ـَ ; ـِ *kesra*, se change en la lettre ي analogue de ـِ ;

ي précédé par { ـَ *fathha*, se change en la lettre ا, analogue de ـَ; ـُ *dhomma*, se change en la lettre و, analogue de ـُ.

Prenons un exemple pour faire mieux comprendre l'application de ces observations.

La racine (1) du verbe قال que l'on écrit réellement ainsi, n'est cependant pas قال, mais bien قَوَلَ. On voit que dans ce dernier mot, le و, l'une des trois radicales, est précédé de ـَ et l'on devrait par conséquent prononcer *qaoul*.

Mais, dans cette situation, le و subit l'influence de la voyelle ـَ , conformément à la règle de permutation des lettres, et comme il est précédé par ـَ, il se change en ا *analogue* de ـَ. On aura donc ainsi قال *qâl*, pour قَوَلَ *qaoul*.

Les raisons de la permutation des lettres deviennent pour ainsi dire palpables, lorsque l'on écrit les voyelles. Dans l'écriture usuelle, où les voyelles sont supprimées, il n'est point aussi facile de reconnaître la cause des changements de lettres que l'on rencontre. Mais, du moins, jusqu'à ce que l'habitude fasse naturellement appliquer la règle dont nous venons de parler, il sera bon de se rappeler que *les motifs de la permutation entre elles des lettres* ا و ي, *résident dans la voyelle qui les précède.*

(1) Nous verrons tout à l'heure que la racine des verbes est la 3e personne du masculin singulier du prétérit.

LIVRE PREMIER.

DU VERBE.

Division des verbes arabes. — Verbes réguliers ou irréguliers ; — primitifs ou dérivés. — Verbes trilitères ou quadrilitères.

Le verbe est un mot qui exprime l'*existence* ou l'*action*.

Tout verbe, en arabe, peut se réduire à une *racine* composée presque toujours de *trois* lettres, et très-rarement de *quatre*. Les lettres qui forment cette racine sont dites *radicales*.

On appelle *serviles* celles qui viennent s'ajouter à la racine pour former les *modes*, les *personnes*, les *genres*, et les *formes dérivées*.

Les lettres *serviles* sont : ا ت س م ن و ي. Toutes les autres ne se rencontrent jamais dans le verbe que comme *radicales*.

Les lettres *serviles* peuvent toutefois concourir à former la racine des verbes, et elles perdent alors ce caractère ; mais aucune lettre, autre que les sept consonnes ci-dessus, ne peut être *servile*.

Tous les verbes arabes devant être ramenés à une *racine*, il sera nécessaire que l'on apprenne à bien distinguer les lettres *radicales*, des lettres *serviles* ou *formatives*.

Pour faire cette distinction, il faudra procéder par élimination, en attendant que l'habitude fasse reconnaître du premier coup d'œil les lettres *radicales*. Nous donnerons à cet égard quelques exemples, après avoir parlé des verbes dérivés.

Nous nous servons en français de l'*infinitif* pour énoncer le verbe ; c'est ainsi que nous disons *aimer*, *haïr*. En arabe, on emploie *la troisième personne masculin du prétérit* que l'on nomme *racine* du verbe. Pour trouver un mot dans les dictionnaires, c'est donc cette racine qu'il faut chercher.

Division des verbes arabes.

Le verbe arabe est *régulier* ou *irrégulier*.

Il est *irrégulier*, lorsque, dans la racine, il entre l'une des lettres ا و ي, ou que la seconde radicale est semblable à la troisième et redoublée par un ـّـ.

Dans les autres cas, il est *régulier*.

Ainsi ضرب *dharab* est un verbe *régulier*.

قال *qâl* }
شدّ *chedd* } sont des verbes *irréguliers*.

Nous disons que ces derniers verbes sont *irréguliers*; cela est vrai dans ce sens qu'ils ne se conjuguent pas exactement comme le verbe ضرب, véritable paradigme du verbe régulier. Mais, dans leur irrégularité même, ils sont réguliers, puisque leurs temps se forment et se conjuguent *d'après des règles invariables*.

Le verbe arabe est *primitif* ou *dérivé*.

Il est *primitif* lorsqu'il est racine, ou lorsque les lettres serviles qui sont adjointes à la racine, désignent seulement les *modes*, les *personnes* et les *genres* de la forme *primitive*.

Ex. : ضرب *dharab* (il a frappé); ضربت *dharabt* (tu as frappé), يضرب *idhrob* (il frappera).

Il est *dérivé* lorsqu'à la *racine* on ajoute une ou plusieurs lettres *serviles* qui modifient le sens du verbe *primitif*, et reconstituent un nouveau verbe que l'on conjugue, du reste, d'après les mêmes règles que le premier.

Ex. : تضارب *tdhârab* (s'entre-frapper); تضاربوا *tdhârabou* (ils se sont entre-frappés).

Le verbe arabe est *trilitère* ou *quadrilitère*.

Trilitère, lorsque, ramené à son expression la plus simple, à sa racine par conséquent, il est composé de trois lettres :

Ex. : ضرب *dharab* (il a frappé); رجع *redja"* (il est revenu) ;

Quadrilitère, lorsque, ramené à cette même racine, il est composé de *quatre* lettres.

Ex. : دقدق *daqdaq* (il a frappé à petits coups).

Le nombre des verbes quadrilitères est du reste, extrêmement restreint.

Le verbe arabe a deux voix : la voix *active* et la voix *passive;* mais cette dernière n'est pas employée dans l'arabe usuel, excepté au participe. Nous verrons tout à l'heure que l'on supplée à cette voix au moyen de l'une des formes dérivées.

Il n'y a en arabe qu'une *seule conjugaison* et *trois temps :* Le *prétérit,* l'*aoriste,* temps indéfini qui s'applique au présent et au futur, et l'*impératif* (1). Quant au *participe,* il peut être considéré comme un adjectif verbal.

Le verbe a *deux* genres : le *masculin* et le *féminin,* et trois nombres : le *singulier,* le *pluriel* et le *duel.*

Le *duel* n'est pas usité dans la langue parlée, on en trouve à peine quelques traces dans les actes des kadis.

(1) On pourrait même dire qu'il n'y a que deux temps en arabe : le *prétérit* et l'*aoriste.*

CHAPITRE PREMIER.

VERBES RÉGULIERS.

Division des verbes réguliers. — Verbes trilitères. — Verbe trilitère primitif; sa conjugaison; tableau de sa formation; observations sur les temps primitifs du verbe; manière de rendre les temps du verbe français qui ne correspondent pas exactement aux temps primitifs du verbe arabe. — Verbes dérivés du verbe trilitère régulier; tableau des formes dérivées et des lettres qui constituent ces formes; observations sur les formes; règles pour reconnaître la racine des verbes. — Verbes quadrilitères primitifs; verbes quadrilitères dérivés.

DIVISION DES VERBES RÉGULIERS.

Les verbes réguliers sont *trilitères* ou *quadrilitères*, *primitifs* ou *dérivés.*

SECTION PREMIÈRE.

VERBES TRILITÈRES.

§ 1er. — VERBES TRILITÈRES PRIMITIFS.

Le verbe trilitère primitif régulier est, comme nous l'avons dit, celui qui, à la 3e personne masculin singulier du prétérit, est composé de trois lettres *essentiellement consonnes*, autrement dit, dans la composition duquel il n'entre ni ا, ni و, ni ي, et dont la deuxième radicale n'est pas la même que la troisième.

Nous en donnons, ci-après, la conjugaison, en plaçant, suivant l'usage des grammairiens arabes, d'abord la 3e personne, puis la 2e, puis la 1re. Cette construction a l'avantage de signaler principalement à l'attention la racine des verbes, et de se conformer à un usage indigène.

TABLEAU de la conjugaison du verbe trilitère régulier.

Masculin.	Commun (1).	Féminin.	
	PRÉTÉRIT.		
	Singulier.		
طلب *thalab*	»	طلبت *thalabet*	3ᵉ Il ou elle a demandé.
طلبت *thalabt*	»	طلبتي *thalabti*	2ᵉ Tu as demandé.
»	طلبت *thalabt*	»	1ʳᵉ J'ai demandé.
	Pluriel.		
»	طلبوا *thalabou*	»	3ᵉ Ils ou elles ont demandé.
»	طلبتوا *thalabtou*	»	2ᵉ Vous avez demandé.
»	طلبنا *thalabna*	»	1ʳᵉ Nous avons demandé.
	AORISTE.		
	Singulier.		
يطلب *ithlob*	»	تطلب *tethlob*	3ᵉ Il ou elle demande ou demandera.
تطلب *tethlob*	»	تطلبي *tethlobi*	2ᵉ Tu demandes ou demanderas.
»	نطلب *nethlob*	»	1ʳᵉ Je demande ou demanderai.
	Pluriel.		
»	يطلبوا *ithlobou*	»	3ᵉ Ils ou elles demandent ou demanderont.
»	تطلبوا *tethlobou*	»	2ᵉ Vous demandez ou demanderez.
»	نطلبوا *nethlobou*	»	1ʳᵉ Nous demandons ou demanderons.
	IMPÉRATIF.		
	Singulier.		
اطلب *ethlob*	»	اطلبي *ethlobi*	2ᵉ Demande.
	Pluriel.		
»	اطلبوا *ethlobou*	»	2ᵉ Demandez.

(1) C'est-à-dire, s'employant pour les deux genres indistinctement.

PARTICIPE ACTIF.

(Adjectif verbal).

Masculin.	Commun.	Féminin.	
	Singulier.		
طالب *thâleb*	»	طالبة *thâleba*	Demandant.
	Pluriel.		
»	طالبين *thâlebîn*	»	Demandant.

Pour compléter l'énumération de tous les temps usités du verbe, nous ajouterons ici le *participe passif*, seul temps de cette voix qui, comme nous l'avons dit, soit en usage.

PARTICIPE PASSIF.

Masculin.	Commun.	Féminin.	
	Singulier.		
مطلوب *mathloub*	»	مطلوبة *mâthloubâ*	Demandé.
	Pluriel.		
»	مطلوبين *mâthloubîn*	»	Demandés.

Formation du verbe trilitère régulier.

Afin de graver mieux encore dans la mémoire le mode de formation des *temps*, des *personnes* et des *genres* du verbe trilitère régulier, nous avons composé le tableau suivant qui indique de quelle manière les lettres serviles viennent s'ajouter à la racine.

On a représenté par trois signes (*) les lettres radicales. En mettant à la place du premier signe, en commençant par la droite, la première radicale ; à la place du deuxième signe, la deuxième radicale ; à la place du troisième signe, la troisième radicale, on peut conjuguer tous les verbes trilitères réguliers.

TABLEAU de formation du verbe trilitère régulier.

	Masculin.	Commun.	Féminin.
		PRÉTÉRIT.	
		Singulier.	
3e	. . .	»	...ت
2e	...ت	»	...تي
1re	»	...ت	»
		Pluriel.	
3e	»	...وا	»
2e	»	...توا	»
1re	»	...نا	»
		AORISTE.	
		Singulier.	
3e	يـ...	»	تـ...
2e	تـ...	»	تـ...ي
1re	»	نـ...	»
		Pluriel.	
3e	»	يـ...وا	»
2e	»	تـ...وا	»
1re	»	نـ...وا	»
		IMPÉRATIF.	
		Singulier.	
2e	ا...	»	ا...ي
		Pluriel.	
2e	»	ا...وا	»

PARTICIPE ACTIF.

Masculin.	Commun.	Féminin.
	Singulier.	
• ا • •	»	مـ ا • • ة
	Pluriel.	
»	• ا • • ين	»
	PARTICIPE PASSIF.	
	Singulier.	
مـ • • و •	»	مـ • • و • ة
	Pluriel.	
»	مـ • • و • ين	»

Un coup d'œil sur le tableau précédent fera comprendre de quelle simplicité est le mécanisme de la conjugaison arabe, *identique pour tous les verbes*, en ce sens que les signes caractéristiques des temps, des personnes et des nombres *sont les mêmes pour tous.*

Ces signes caractéristiques sont faciles à reconnaître ; ils le deviendront encore plus après les observations suivantes.

Observations sur les temps primitifs du verbe.

1° PRÉTÉRIT.

Il faut remarquer qu'au *singulier* le *prétérit* a trois personnes qui s'écrivent absolument de la même manière ; ce sont :

1° La 1re personne qui est commune au masculin et au féminin;

2° La 2e personne du masculin ;

3° La 3e personne du féminin.

Ces trois personnes sont formées des mêmes lettres (طلبت) ; mais, dans la prononciation, à la 3e personne du féminin, on doit faire entendre le son bref *et* (*thalabet*), tandis qu'à la 1re et à la 2e personne du masculin on prononce *thalabt.* Quant à ces deux dernières personnes, le sens peut seul les faire distinguer.

Le pluriel du *prétérit* ne présente aucune difficulté. On le forme, pour la 2e et la 3e personne, en ajoutant وا *ou,* à la 2e et à la 3e personne du singulier, et pour la 1re personne, en ajoutant نا à la racine. Ex. :

	Singulier.		Pluriel.	
3e pers.	طلب	*thalab*	طلبوا	*thalab-ou*
2e pers.	طلبت	*thalabt*	طلبتوا	*thalalt-ou*
1re pers.	طلب	*thalab* (racine).	طلبنا	*thalab-na.*

Il est bon d'observer que, dans le style écrit, les personnes lettrées emploient, à la place de la forme usuelle طلبتوا *thalabtou,* 2e personne du pluriel du *prétérit,* la forme grammaticale طلبتم *thalabtoum.*

2° AORISTE.

On aura pu remarquer que les différentes personnes du *prétérit* se distinguent entre elles par les lettres qui les terminent ; il en est tout autrement de l'*aoriste,* dont les personnes se différencient par les lettres initiales.

Ces lettres sont, au pluriel comme au singulier :

ي pour la 3e personne masculin ;

ت pour la 2e personne masculin et féminin ;

ن pour la 1re personne masculin et féminin.

Pour former le pluriel, on ajoute seulement au singulier la terminaison وا, caractéristique de tous les pluriels des verbes (1).

(1) Dans l'arabe de Syrie et d'Égypte, qui se rapproche beaucoup plus de l'arabe grammatical que celui usité en Algérie, les premières personnes du singulier et du pluriel de l'*aoriste* se forment différemment. Ainsi, en Orient, au lieu de dire :

Pour la 1re personne du singulier نطلب *nethlob,* on dira اطلب *athlob* ;

Pour la 1re personne du pluriel نطلبوا *nethlobou,* — نطلب *nethlob.*

Il est très-essentiel de faire cette observation, car, sans elle, le commençant entre les mains duquel tomberait, soit une lettre, soit un manuscrit d'Orient, pourrait se trouver fort embarrassé.

La terminaison algérienne a du reste l'avantage, si elle s'éloigne des règles

L'*aoriste* sert également pour exprimer le *présent* et le *futur*. Ainsi, يطلبوا *iethlobou* peut signifier aussi bien *ils demandent*, que *ils demanderont*. Le sens détermine donc seul, en général, si le verbe doit être traduit par le *présent* ou par le *futur*.

Toutefois, lorsque l'on veut préciser exactement le sens, soit *présent*, soit *futur*, on fait précéder l'*aoriste* de certains mots, dont nous expliquerons l'emploi, en parlant *des temps composés du verbe*.

3° IMPÉRATIF.

L'*impératif* du verbe primitif se forme, au singulier masculin, par l'addition devant la racine, de la lettre ا que l'on prononce *e* bref. Ex. : اطلب *ethlob*. Pour former le féminin, on ajoute simplement au masculin un ي. Ex. : اطلبي *ethlobi*.

Le pluriel s'obtient par l'addition de la terminaison وا.

Ex. : Sing. اطلب *ethlob*, plur. اطلبوا *ethlobou*.

L'*impératif* n'ayant au singulier, comme au pluriel, qu'une seule personne, emprunte les autres à l'aoriste. On dira donc : ايها نمشيوا *aïha nemchiou* (allons, marchons).

REMARQUE. Nous ferons observer que lorsqu'il s'agit de rendre en arabe le sens d'un *impératif* français négatif, on ne peut pas employer l'*impératif* arabe. Il faut alors traduire par l'aoriste en se servant de la particule négative ما *ma* (pas) (1).

Ex. : ما تقول هذه الشي *ma tqoûl had ech-chi* (ne dites pas cette chose).

ما تضرب شي هذا الكلب *ma tedhrob-chi had el-kelb* (ne frappez pas ce chien).

ما تخرج شي من الدار *ma tekhrodj-chi min ed-dâr* (ne sortez pas de la maison).

de l'arabe grammatical, d'empêcher toute confusion avec l'impératif, dont la forme اطلب est la même que celle de la 1re personne du singulier de l'aoriste usitée en Orient.

(1) Voir ci-après, livre quatrième, de la *Négation*.

4° PARTICIPE ACTIF.

Le *participe actif* ou *présent* se forme, dans le verbe trilitère primitif, par l'addition d'un ا après la 1re radicale.

Ex. : طلب *thalab* (il a demandé); طالب *thâleb* (demandant).
كتب *katab* (il a écrit); كاتب *kâteb* (écrivant).

Pour former le féminin, on ajoute au masculin un ة:

Ex. : طالب *thâleb*, fait au féminin طالبة *thâleba*.

5° PARTICIPE PASSIF.

Bien que ce ne soit peut-être pas véritablement ici le lieu de parler du *participe passif*, cependant nous avons pensé qu'il serait bon d'en dire un mot, afin que l'on puisse embrasser, d'un seul coup d'œil, tous les temps du verbe employés dans l'usage. Or, comme nous l'avons dit plus haut, le passif est complétement inusité *excepté au participe*. Il ne nous aurait donc pas été possible de rattacher à une autre partie les courtes observations que nous avions à faire sur ce temps.

La forme du *participe passif* est très-simple. On l'obtient en faisant précéder les lettres de la racine d'un م, et en ajoutant un و après la 2e radicale. (م * * و *)

Ex. : طلب *thalab* (il a demandé); مطلوب *mathloub* (demandé).
حبس *hhabas* (il a enfermé); محبوس *mahhbous* (enfermé).

Pour le *participe passif*, comme pour le participe présent, le féminin s'obtient par l'addition d'un ة au masculin.

Ex. : مطلوب *mathloub* fait au féminin مطلوبة *mathlouba*.
محبوس *mahhbous* . . . . محبوسة *mahhbousa*.

Manière de rendre les temps du verbe français qui ne correspondent pas exactement aux temps primitifs du verbe arabe.

Les temps qui viennent de faire l'objet des observations précédentes, forment ce que nous appelons les temps *primitifs* du verbe. A l'exception du prétérit et de l'aoriste, les autres n'offrent qu'une importance très-secondaire ; d'où il suit, qu'en réalité, il n'y a que deux temps véritables en arabe, l'un, exprimant le *passé*, l'autre, le *présent* et le *futur* simultanément.

Les Arabes cherchent, autant que possible, à n'employer que ces temps primitifs pour rendre leur pensée; mais cela n'est pas toujours facile. Il y a, en effet, plusieurs degrés dans le *passé*, dans le *futur*, dans le *présent* même. Ainsi, *j'ai aimé* n'exprime pas la même idée que *j'aimais*, bien que tous deux aient pour objet une action passée. Le *premier* indique un passé *absolu* ; le *second*, un passé qui était présent au moment dont on parle, un passé *relatif* par conséquent.

Ces diverses nuances que nous indiquons en français par nos temps d'*imparfait*, de *plus-que-parfait*, ne sont pas toujours traduisibles en arabe par les temps généraux du verbe. Lorsqu'il est absolument nécessaire de les préciser, il faut donc avoir recours à divers moyens accessoires qu'il nous reste à expliquer. Nous appelons ces temps, *temps composés*.

1° PRÉSENT.

Nous avons vu que l'*aoriste* avait simultanément la signification du *présent* et du *futur*. Mais lorsqu'on ne veut pas exprimer seulement un temps présent, en général, mais un temps *actuellement* présent, on conjugue l'*aoriste* du verbe en le faisant précéder de la particule را, jointe au pronom affixe de la personne (1).

Ex. : J'écris actuellement :	راني نكتب	*rani nektob.*
Tu écris actuellement :	راك تكتب	*rak tektob.*
Il écrit actuellement :	راه يكتب	*rahou iektob.*
Nous écrivons actuellement :	رانا نكتبوا	*rana nektobou.*
Vous écrivez actuellement :	راكم تكتبوا	*rakoum tektobou.*
Ils écrivent actuellement :	راهم يكتبوا	*rahoum iektobou.*

(1) Voir ci-après, au chapitre des *Pronoms*, ce que c'est qu'un pronom affixe. Quant au mot را, il peut être considéré comme l'impératif du verbe راي (voir). C'est donc comme si l'on disait : *Vois-moi écrivant ; vois-toi écrivant*, etc.

Ex. : Je reviens de la campagne : نرجع من الجنان *nerdja" min ed-djenân.*

Je reviens actuellement de la campagne : راني نرجع من الجنان *rani nerdja" min ed-djenân.*

Au lieu d'employer l'*aoriste*, on peut également, pour rendre *l'actualité* du présent, se servir du *participe actif,* précédé de la particule را et du pronom affixe.

Ex. : J'écris actuellement: راني كاتب *rani kâteb.*

Tu écris actuellement: راك كاتب *rak kâteb.*

Vous écrivez actuellement : راكم كاتبين *rakoum kâtebîn.*

Ils écrivent actuellement : راهم كاتبين *rahoum kâtebîn.*

C'est comme si l'on disait : *Je suis écrivant, tu es écrivant.*

2° FUTUR.

L'*aoriste*, comme nous l'avons dit, sert à exprimer le *présent* et le *futur*. Nous venons de voir par quel moyen on peut préciser le sens général du *présent,* voyons maintenant comment on peut préciser le sens général du *futur.*

Pour donner au *futur* un sens rapproché, semblable à celui que l'on obtient en français par ces mots : *je vais....*, on place devant l'*aoriste* du verbe le mot ماشي *mâchi,* participe actif du verbe مشي (aller).

Ex. : Je vais sortir : ماشي نخرج *mâchi nekhrodj.*

Tu vas sortir : ماشي تخرج *mâchi tekhrodj.*

Il va sortir : ماشي يخرج *mâchi iekhrodj.*

On n'emploie pas le mot ماشيين *mâchiîn,* pluriel de ماشي *mâchi.* Il faut donc, pour rendre prochain le sens du *futur*, lorsqu'il se rapporte à plusieurs individus, se servir d'une autre tournure de phrase, telle que celle-ci : Nous sortons à l'instant : نخرجوا في الساعة *nekhrodjou fi-s-sa".*

3° IMPARFAIT.

L'*imparfait* se rend en arabe par le *prétérit* du verbe irrégulier كان *kân* (il a été) (1), que l'on conjugue, de la manière suivante, avec l'*aoriste* du verbe dont on exprime l'action.

Masculin.	Commun.	Féminin.
	Singulier.	
كان يكتب *kân iktob*	»	كانت تكتب *kânet tektob*
كنت تكتب *kount tektob*	»	كنتي تكتبي *kounti tektobi*
»	كنت نكتب *kount nektob*	»
	Pluriel.	
»	كانوا يكتبوا *kanou iktobou*	»
»	كنتوا تكتبوا *kountou tektobou*	»
»	كنّا نكتبوا *kounna nektobou*	»

C'est comme si l'on disait : *J'ai été j'ai écrit ; tu as été tu as écrit*, etc.

Il sera bon de s'habituer à conjuguer de cette manière différents verbes, ce qui sera facile en mettant à la place de l'*aoriste* du verbe كتب *katab*, celui, par exemple, des verbes : طلع *thala"* (il est monté) ; صرف *çaraf* (il a changé, en parlant des espèces d'or et d'argent) ; فعل *fa"l* (il a fait).

On peut encore rendre l'*imparfait* par le *prétérit* du verbe كان *kân* (2), suivi du *participe présent* du verbe.

Ex. : كان طالع *kân thala"* (il montait, *ou* il était montant).
كنت طالع *kount thala"* (tu montais, *ou* tu étais montant).

(1) Voir plus loin, au chapitre des *Verbes concaves*, la conjugaison de ce verbe.

(2) Le prétérit du verbe كان a souvent le sens de l'imparfait ; il peut donc signifier également *il a été*, ou *il était*. C'est donc comme si l'on disait en français : *Il était montant*.

Il est toutefois à observer que cette manière d'exprimer l'*imparfait* n'est guère employée que dans le style écrit.

4° PLUS-QUE-PARFAIT.

Le *plus-que-parfait* du verbe français se rend en arabe par le *prétérit* du verbe كان *kân*, conjugué avec le prétérit du verbe dont on exprime l'action.

Ex. : كان ضرب *kân dharab* (il avait frappé, mot à mot : il a été il a frappé).

كنت ضربت *kount dharabt* (tu avais frappé, mot à mot : tu as été tu as frappé).

5° INFINITIF.

L'*infinitif* n'existe pas en arabe.

Pour traduire l'*infinitif français*, il faut distinguer :

1° Si l'*infinitif* exprime d'une manière abstraite l'idée du verbe, il peut se rendre par le *substantif* dont il tient la place. Ainsi, par exemple, cette phrase : *Craindre Dieu est le principe de la Sagesse*, est la même chose que celle-ci : *Le principe de la Sagesse est la crainte de Dieu. Craindre* est par conséquent pris ici d'une manière *abstraite ;* on traduira donc en arabe par le substantif abstrait, *crainte,* et l'on dira :

راس الحكمة مخافة الله, *ras el-hhokma mkhâfat allah.*

2° Si l'*infinitif,* au contraire, n'est point pris d'une manière abstraite, mais comme régime d'un verbe ou d'une préposition, on se sert, en général, pour le traduire, de l'*aoriste.*

Je veux aller à Blidah, نحبّ نمشي الي بليدة, *nehhobb nemchi ila Blidah.*

Dis-lui de venir : قل له يجي *qol lo iedji.*

Tu lui diras de m'apporter une tasse de café : تقول له يجيب لي فنجان قهوة *tqoul lo iedjîb li findjân qahoua.*

La traduction littérale des trois phrases précédentes est donc celle-ci : *Je veux j'irai à Blidah ; dis à lui il viendra ; tu diras à lui il apportera à moi tasse café.*

§ 2. — VERBES DÉRIVÉS DU VERBE RÉGULIER TRILITÈRE.

Dans le paragraphe précédent, nous avons considéré le verbe régulier *trilitère* dans sa forme *primitive;* il nous reste à parler de ses formes *dérivées*.

Les formes dérivées des verbes trilitères ne constituent pas, comme on pourrait le croire, des conjugaisons nouvelles. Nous avons dit plus haut, et nous répétons ici, qu'il n'y a en arabe *qu'une seule conjugaison,* une seule manière, au moyen de lettres serviles ajoutées, soit au commencement, soit à la fin d'une racine, d'indiquer les personnes, les genres et les nombres des verbes.

C'est dire que les verbes dérivés dont nous allons traiter, se conjuguent d'après les règles tracées, ci-dessus, pour le verbe primitif, du moins en ce qui concerne les véritables temps du verbe : le *prétérit* et l'*aoriste*.

Par conséquent aucune difficulté sur ce point qui se résume dans cette règle : *Pour conjuguer les verbes dérivés, il n'y a qu'à ajouter aux lettres qui les composent, les mêmes signes qui caractérisent les temps, les personnes et les genres du verbe primitif.*

Voyons maintenant quelle est l'utilité des verbes dérivés.

En français, lorsque l'on veut ajouter au sens primitif du verbe, l'idée, par exemple, de *faire faire l'action qu'il exprime*, ou bien une idée de *réciprocité*, de *désir*, on est contraint de se servir d'auxiliaires qui viennent donner au verbe un sens qu'il n'a pas par lui-même. C'est ainsi que l'on dira : *faire écrire*, *s'entr'écrire*, etc.

La langue arabe procède d'une manière différente.

Au lieu d'avoir recours à des auxiliaires, on forme du verbe primitif un nouveau verbe, par l'addition de certaines lettres qui, s'incorporant avec le mot, donnent au verbe arabe ce même sens que nous obtenons en français par l'addition de mots étrangers.

Ce verbe ainsi reconstitué est dit : *dérivé* du verbe *primitif*.

Prenons pour expliquer notre pensée le verbe ضرب.

Le verbe ضرب *dharab*, verbe primitif, signifie *frapper*. En ajoutant un simple *techdid* (ّ) sur la seconde radicale, c'est-à-dire en la redoublant, on obtiendra le verbe dérivé ضرّب *dharrab* qui signifiera *faire frapper*.

Nous avons dans la langue française un exemple imparfait, il est vrai, des modifications que peuvent apporter dans le sens d'un verbe primitif, certaines lettres qui viennent s'identifier avec lui. Mais, quelqu'imparfait qu'il soit, il contribuera à faire comprendre l'influence que peuvent exercer ces augmentations, et la manière dont elles recomposent un verbe nouveau, en modifiant le sens du verbe primitif.

Le verbe *habiter*, par exemple, exprime une idée simple; c'est le verbe primitif. *Cohabiter*, au contraire, indique une idée complexe, celle d'une habitation en commun ; c'est le verbe dérivé.

Cette modification dans le sens primitif que l'on obtient en français par l'*adjonction* au verbe primitif de certaines prépositions, on l'obtient en arabe par l'*incorporation* de certaines lettres dans la racine du verbe primitif.

Mais aussi, de même qu'en français le verbe dérivé *cohabiter* se conjugue comme le verbe primitif *habiter*, de même les verbes dérivés arabes se conjuguent comme les verbes primitifs.

De la théorie, passons à l'application.

Formes des verbes dérivées du verbe primitif

La forme primitive du verbe arabe peut se modifier de *neuf* manières différentes qui, en ajoutant la racine, constituent *dix formes* qu'il est utile de connaître, bien qu'elles soient loin d'être toutes usitées au même degré. Le langage n'en admet que quatre ou cinq ; les autres ne se rencontrent guère que dans l'écriture.

Nous ferons observer préalablement qu'il n'y a aucun verbe arabe qui comporte à lui seul toutes les formes. Chaque verbe en admet deux ou trois au plus. Si donc, dans le tableau suivant, où nous prenons pour exemple le verbe كتب *katab* (écrire), nous indiquons toutes les formes de ce verbe comme existantes, on voudra bien se rappeler que ce n'est là qu'une pure supposition, destinée à faire comprendre plus facilement comment les lettres *serviles* s'agencent avec les lettres *radicales* pour composer les diverses formes.

(*Voir ci-après le tableau des formes dérivées*).

Tableau des formes dérivées du verbe primitif trilitère et application de ces formes à des exemples.

Numéros de la forme.	Prétérit.	Aoriste.	Impératif.	Participe.	Sens général de la forme.	Racine.	Sens primitif de la racine.	Forme dérivée.	Sens de la forme dérivée.
1	كتب	يكتب	اكتب	كاتب	Sens primitif.	»	»	»	»
2	كتّب	يكتّب	كتّب (1)	مكتّب	Faire faire l'action du verbe.	ضرب	Frapper.	ضرّب	Faire frapper.
3	كاتب	يكاتب	كاتب	مكاتب	Émulation. Réciprocité.	سبق	Devancer.	سابق	Chercher à devancer.
4	اكتب	يكتب	اكتب	مكتب	Même sens que la 2e.	طلق	Lancer.	اطلق	Faire lancer.
5	تكتّب	يتكتّب	تكتّب	متكتّب	Sens passif de la 2e forme.	علم	Savoir.	تعلّم	Apprendre.
6	تكاتب	يتكاتب	تكاتب	متكاتب	Réciprocité.	ضرب	Frapper.	تضارب	S'entre-frapper.
7	انكتب	ينكتب	انكتب	منكتب	Sens passif,	هدم	Détruire.	انهدم	Être détruit.
8	اكتتب	يكتتب	اكتتب	مكتتب	Sens passif.	نشر	Publier.	انتشر	Être publié.
9	اكتبّ	يكتبّ	اكتبّ	مكتبّ	Ne s'emploie que pour les couleurs.	»	»	احمرّ	Devenir rouge.
10	استكتب	يستكتب	استكتب	مستكتب	Indique le désir.	خبر	Annoncer.	استخبر	S'informer.

Les quatre premières colonnes montrent de quelle façon les verbes dérivés se forment de la racine; la cinquième indique le sens général que telle ou telle forme donne au verbe; enfin, les quatre dernières colonnes contiennent des exemples destinés à servir d'application aux principes posés dans les premières.

Nous allons entrer tout à l'heure dans quelques détails relativement aux formes dérivées; mais auparavant, et pour faire ressortir leurs caractères distinctifs, les lettres qui les constituent, nous présentons dans un nouveau tableau les seules lettres *serviles* ou *formatives*, en indiquant, comme nous l'avons déjà fait pour la conjugaison, les caractères radicaux au moyen du signe (*).

(1) On remarquera dans cette colonne plusieurs impératifs dans lesquels l'ا initial est supprimé. Il faut en chercher la raison dans la règle qui veut que lors-

Tableau indicatif des lettres qui constituent les formes dérivées du verbe trilitère.

NUMÉRO DES FORMES.	PRETÉRIT.	AORISTE.	IMPÉRATIF.	PARTICIPE.
1	* * *	يـ * * *	ا * * *	* ا * *
2	* *ّ *	يـ * *ّ *	* *ّ *	مـ * *ّ *
3	* ا * *	يـ * ا * *	* ا * *	مـ * ا * *
4	أ * * *	يـ * * *	أ * * *	مـ * * *
5	تـ * *ّ *	يتـ * *ّ *	تـ * *ّ *	متـ * *ّ *
6	تـ * ا * *	يتـ * ا * *	تـ * ا * *	متـ * ا * *
7	انـ * * *	ينـ * * *	انـ * * *	منـ * * *
8	ا * تـ * *	يـ * تـ * *	ا * تـ * *	مـ * تـ * *
9	ا * * *ّ	يـ * * *ّ	ا * * *ّ	مـ * * *ّ
10	استـ * * *	يستـ * * *	استـ * * *	مستـ * * *

Ces différentes formes sont loin d'être usitées au même degré ; celles que l'on retrouve le plus souvent sont les 2e, 4e, 5e, 8e et 10e. Mais nous répéterons ici ce que nous avons déjà dit plus haut, c'est qu'aucun verbe arabe ne peut les comporter toutes.

L'usage et les dictionnaires feront donc connaître celles qui sont employées pour tel ou tel verbe.

Observations sur les différentes formes dérivées du verbe primitif.

Il convient maintenant d'examiner, avec quelque détail, comment l'idée du verbe *primitif* se modifie dans ses *dérivés.*

que ا caduc, c'est-à-dire sans voyelle, est suivi d'une consonne marquée elle-même d'une voyelle, il disparaisse. Les voyelles ne sont pas marquées, mais elles n'en ont pas moins leur influence.

1re FORME

Le nom de 1re forme est une appellation impropre appliquée à la racine du verbe, au verbe *primitif* lui-même. En l'adoptant, nous nous conformons à un usage.

La 1re forme est l'expression la plus simple du verbe.

Ex. : كتب *katab* (écrire); ضرب *dharab* (frapper).

Nous n'avons rien à ajouter à ce qui a été dit précédemment.

2e FORME.

La 2e forme (ـّـ) s'obtient par l'addition du (ّ) au-dessus de la 2e radicale. Elle donne au verbe dérivé le sens de *faire faire l'action exprimée par le verbe primitif.*

Ex. : علم *a''lam* (il a su); علّم *a''llam* (il a fait savoir).

حزن *hhazan* (il a été triste); حزّن *hhazzan* (il a rendu triste).

Quelquefois, la 2e forme peut exprimer la même idée que la 1re, mais en lui donnant un sens plus énergique.

Ex. : قطع *qatha''* (couper); قطّع *qaththa''* (couper en morceaux).

كسر *kasar* (casser); كسّر *kassar* (briser).

3e FORME.

La 3e forme (ـاـ) dont le signe distinctif est un ا placé après la 1re radicale, a ordinairement le même sens que le verbe *primitif.* Mais elle en diffère en ce que l'on n'emploie pas de préposition pour exprimer le rapport du verbe avec son régime.

Ex. : 1re forme كتبنا له براة *katabna lo bra.* } Nous lui avons
3e forme كاتبناه براة *kâtabna-ho bra.* } écrit une lettre.

Cette forme peut encore servir à exprimer l'*émulation.* C'est dans ce sens qu'elle est presqu'uniquement usitée.

Ex. : سبق *sbaq* (il a devancé); سابق *sâbaq* (il a cherché à devancer.....).

4e FORME.

La 4e forme (. . . ا) qui se caractérise par un ا placé avant la 1re radicale, correspond à la 2e forme, et, comme elle, exprime l'idée de faire faire.

Ex. : طلق *thalaq* (lâcher, lancer) ; اطلق *athlaq* (faire lâcher, faire lancer).

5e FORME.

La 5e forme (. . . تّ) se distingue par l'addition d'un ت devant la 1re radicale, et le redoublement de la 2e radicale au moyen d'un (ّ). Elle a quelquefois un sens *réfléchi*.

Ex. : تزوّج *tzaouedj* (se marier) ; تلقّي *tlaqqa* (se rencontrer).

يوسف و احمد تلقّوا في الطريق *iousef oua-ahhmed tlaqqou fi-t-thariq* (Jousef et Ahmed se sont rencontrés en chemin).

Cette même forme est souvent prise également pour le passif de la seconde.

Ex. : 2e forme : قطّع *qaththa* (couper en morceaux) ; 5e forme : تقطّع *tqaththa"* (être coupé en morceaux).

2e forme : علّم *a"llam* (enseigner) ; 5e forme : تعلّم *ta"llam* (être enseigné, apprendre).

6e FORME.

La 6e forme (. . ا . تّ) s'obtient par l'addition d'un ت devant la 1re radicale, et l'intercalation d'un ا entre la seconde et la troisième. Elle exprime une idée de réciprocité, comme la troisième, mais avec cette différence que la troisième ne peut s'appliquer qu'à deux personnes, tandis que la sixième s'applique, soit à plusieurs, soit à un nombre indéterminé.

Ex. : ضرب *dharab* (frapper), fait à la 6e forme : تضارب *tdharab* (s'entre-frapper).

كتب *katab* (écrire), fait à la 6e forme : تكاتب *tkâtab* (s'entr'écrire).

7e FORME.

La 7e forme (انْ * * *), dont le signe distinctif est la syllabe ان, placée devant la racine, équivaut à notre verbe passif, ce qui dispense les Arabes de recourir, comme dans notre langue, à une voix nouvelle pour exprimer cette idée. Ils y suppléent par l'une des formes dérivées de leur verbe.

Ex. : هدم *hadam* (détruire); انهدم *inhadam* (être détruit).
فتح *fatahh* (ouvrir); انفتح *infatahh* (être ouvert).

8e FORME.

La 8e forme (ا * تـ * *), qui est caractérisée par un ا placé devant la première radicale, et un ت intercalé entre la seconde et la troisième, a également le sens passif.

Ex. : نشر *nachar* (publier); انتشر *intachar* (être publié).
نصر *naçar* (aider); انتصر *intaçar* (être aidé de Dieu, vaincre).
وقت آلي عرفوا العرب ان الفرنصيص انتصروا *ouaqt elli a''refou el-a''rab en el-françiç intaçrou* (lorsque les Arabes apprirent que les Français avaient vaincu).

Remarque. Lorsque la première radicale du verbe qu'il s'agit de mettre à la 8e forme, est l'une des lettres ض ص ظ ط, que nous avons nommées *emphatiques*, le ت qui caractérise la 8e forme, subit l'influence de la lettre *emphatique* qui le précède, et se change lui-même en la lettre ط, qui est sa lettre forte correspondante (1).

Ainsi, à la 8e forme, le verbe ضرب *dharab* ne doit point s'écrire اضترب, mais اضطرب *idh-tharab*.

Si, au contraire, la première lettre de la racine est un ت, on réunit le ت radical au ت de la forme, au moyen d'un ّ .

Ex. : ترك *tarak* (abandonner, laisser) fait à la 8e forme اتّرك *ettarak* (être abandonné).

Peu de personnes se conforment à cette règle.

(1) Voir page 14.

9e FORME.

La 9e forme (ّ . . . ا) s'emploie pour les couleurs.

Ex. : اخضرّ *akhdarr* (devenir vert); احمرّ *ahhmarr* (devenir rouge).

10e FORME.

La 10e forme enfin (. . . است) qui se distingue par la syllabe است *ist* placée devant la racine du verbe, indique le désir ou la demande de l'action exprimée par la 1re forme ou racine.

Ex. : غفر *rhafar* (pardonner); استغفر *istharhfar* (demander pardon).
خبر *khabar* (annoncer); استخبر *istakhbar* (demander des nouvelles).

العرب دخلوا في معسكر مستخفيين *al-a''rab dakhlou fi ma''skar moustakhfiin* (les Arabes entrèrent à Mascara en cherchant à se cacher), c'est-à-dire, *désirant se cacher.*

Règles pour reconnaître la racine des verbes.

Après ce que nous avons dit des verbes, soit primitifs, soit dérivés, et de leur conjugaison, il sera facile de découvrir la *racine*, car c'est toujours à la racine qu'il faut remonter, soit pour énoncer le verbe, soit pour le chercher dans les dictionnaires, soit surtout pour avoir le sens bien précis du mot. Cette recherche de la racine paraît présenter de grandes difficultés au premier abord; mais on verra qu'au bout de quelque temps ces difficultés se réduisent à une affaire de mécanisme.

Nous avons dit plus haut, page 27, que les lettres *serviles* étaient celles qui venaient s'adjoindre à la racine pour composer les *temps*, les *formes*, les *personnes* et les *genres*; que ces lettres étaient ا ت س م ن و ي; que ces lettres enfin, pouvaient, comme les autres, entrer dans la racine d'un verbe, mais que nulle autre ne saurait être *servile*.

Ce sont donc, en général, les sept lettres ا ت س م ن و ي, qui doivent être écartées des verbes où elles se rencontrent, pour arriver à isoler la racine. Nous disons *en général*, car ces lettres peuvent quelquefois être elles-mêmes radicales ; par conséquent, ce n'est encore là qu'une simple présomption, une probabilité.

Voyons maintenant comment on peut arriver à trouver la racine d'un verbe.

Nulle difficulté pour les personnes, les nombres et les genres du verbe *primitif*, puisqu'au moyen de la conjugaison on voit immédiatement les lettres qui sont à supprimer. Ainsi, on reconnaît de suite que يكتبوا *iek-tobou* est la 3e personne, pluriel, du prétérit du verbe كتب.

La difficulté n'existe donc réellement que pour les formes *dérivées*.

Prenons pour premier exemple le mot يتضاربوا *ietedharbou* et cherchons-en la racine.

D'après le principe posé, retranchons toutes les lettres serviles qui se trouvent dans ce mot ; que reste-t-il ? ضرب.

Mais il ne suffit pas de connaître la racine, il faut savoir encore à quelle *forme* appartient le mot يتضاربوا, à quel *temps*, à quelle *personne*, à quel *genre* il se trouve.

Pour avoir les lettres *constitutives de la forme*, il suffira de retrancher les lettres *constitutives de la conjugaison*, lesquelles ne peuvent se rencontrer qu'au commencement ou à la fin.

Supprimons donc d'abord وا, terminaison qui indique forcément un pluriel, il reste يتضارب *ietedharab*. Mais le ي initial indique à son tour la 3e personne de l'aoriste masculin ; en le supprimant, on aura donc تضارب qui est en effet la 6e forme du verbe ضرب.

Par conséquent le mot يتضاربوا *ietedharbou* est la 3e personne, pluriel, aoriste de la 6e forme du verbe trilitère ضرب.

Prenons pour second exemple le mot ترحّبوا *terahh-hhabou*.

En supprimant les lettres *serviles* et le ّ , on aura la *racine* رحب.

Voyons maintenant à quelle *forme*, à quel *temps*, à quelle *personne* se trouve ترحّبوا.

Retranchons وا, signe évident du pluriel, il reste ترحّب.

Le ت initial, du moins *en général*, caractérise la 2e personne de l'aoriste. Si effectivement le mot ترحّبوا est une seconde personne, à quelle forme pourrait-il être ?

En consultant le tableau des verbes dérivés, on voit qu'il pourrait se trouver à la 2e forme (رحّب) dont il constituerait la 2e personne, pluriel, aoriste.

Mais ne serait-il pas possible que le mot ترحبوا se trouvât en même temps à une autre forme ?

En procédant par élimination, comme nous venons de le faire, on verra que ce mot peut former également la 3e personne, pluriel, prétérit, de la 5e forme (ترحّب), du verbe رحب *rahhab*.

Ce sera donc à l'intelligence de l'auditeur ou du traducteur à distinguer dans ce cas quel est le véritable sens à donner au verbe.

Nous pourrions pousser plus loin ces exemples, mais l'un des exercices qui se trouvent à la fin de cette grammaire, complétera l'étude si importante de l'analyse que nous ne faisons qu'ébaucher ici.

Nous ne saurions trop engager les commençants a se familiariser avec ces décompositions de mots qui deviendront bientôt pour eux un travail purement mécanique. Ils verront alors quelle facilité apporte dans l'étude de l'arabe le principe de cette langue qui fait tout dériver d'une racine.

SECTION II.

VERBES QUADRILITÈRES.

§ 1er. — VERBES QUADRILITÈRES PRIMITIFS.

Les verbes *quadrilitères* sont ceux qui ont quatre lettres à leur racine. c'est-à-dire à la 3e personne masculin, singulier, du prétérit.

Ces verbes sont en général très-rares et tous réguliers, car nous ne nous rappelons pas avoir vu employer un seul verbe *quadrilitère* dans la composition duquel il entre une des trois lettres ا و ي.

Il ne faut pas croire que tout verbe qui a quatre lettres à la 3e personne du masculin du prétérit, soit pour cela un verbe *quadrilitère;* il faut encore que ce verbe soit primitif. Dans les verbes dérivés du verbe trilitère, on en trouve plusieurs qui ont quatre lettres et qui cependant ne sont point quadrilitères. Ainsi : اكتب *ektab*, كاتب, *kâtab*, ne sont point des verbes *quadrilitères*, mais simplement les 3e et 4e formes du verbe trilitère primitif كتب *katab*.

Exemples de verbes *quadrilitères* :

> دحرج *dahhradj* (rouler).
> دفدق *daqdaq* (frapper à la porte).
> دغدغ *darhdarh* (chatouiller).

Les verbes *quadrilitères* se conjuguent d'après les mêmes règles que les verbes trilitères primitifs réguliers, avec ces seules différences qui sont du reste communes à la plupart des formes dérivées :

1° Qu'à l'*impératif* on ne place pas d'ا avant la première radicale (1). L'*impératif* et le *prétérit* sont donc composés des mêmes lettres ; seulement la troisième radicale de l'impératif est marquée d'un ـِـ, au lieu d'un ـَـ qui affecte cette même radicale au *prétérit*. On prononce donc :

> *Prétérit :* دَفْدَق *daqdaq*.
> *Impératif :* دَفْدِق *daqdeq*.

2° Que le *participe présent* se forme, comme dans les verbes dérivés, du verbe trilitère, par l'antéposition d'un م devant la radicale, et non par l'interposition d'un ا après la première radicale, comme dans le verbe trilitère primitif. On dira donc : مدفدق *mdaqdeq*.

Ces deux exceptions posées, le verbe *quadrilitère* se conjugue identiquement de la même manière que le verbe trilitère.

PRÉTÉRIT.

Masculin.	Commun.	Féminin.
	Singulier.	
دفدق *daqdaq*	»	دفدقت *daqdaqet*
دفدفت *daqdadt*	»	دفدقتي *daqdaqti*
»	دفدقت *daqdaqt*	»

(1) Voir la note, au bas de la page 44.

PRÉTÉRIT.

Masculin.	Commun.	Féminin.
	Pluriel.	
»	دفدفوا daqdaqou	»
»	دفدفتوا daqdaqtou	»
»	دفدفنا daqdaqna	»

AORISTE.

Masculin.	Commun.	Féminin.
	Singulier.	
يدفدف idaqdaq	»	تدفدف tdaqdaq
تدفدف tdaqdaq	»	تدفدفي tdaqdaqi
»	ندفدف ndaqdaq	»
	Pluriel.	
»	يدفدفوا idaqdaqou	»
»	تدفدفوا tdaqdaqou	»
»	ندفدفوا ndaqdaqou	»

§ 2. — VERBES QUADRILITÈRES DÉRIVÉS.

Le verbe *quadrilitère* n'a qu'une seule forme dérivée qui a le sens *passif*, et correspond à la 5e forme du verbe trilitère.

PRÉTÉRIT.	AORISTE.	IMPÉRATIF.
تدفّدف *tdaqqdaq.*	يتدفّدف *ietdaqqdaq.*	تدفّدف *tedaqqdeq.*

Participe.

متدفّدف *mtedaqqdeq.*

CHAPITRE II.

VERBES IRRÉGULIERS.

Division des verbes irréguliers. — Verbe sourd ; sa conjugaison. — Verbes imparfaits (assimilés, concaves, défectueux, hamzés) ; conjugaison de ces verbes.

Le nom de *verbes irréguliers* pourrait effrayer les commençants qui jugeraient les verbes irréguliers d'une autre langue d'après ceux de la nôtre. Nous devons, dès l'abord, les rassurer à cet égard. Ils vont, en effet, bientôt voir qu'à proprement parler il n'y a pas de verbes *irréguliers* en arabe, puisque les verbes que nous nommons ainsi, se conjuguent *d'après des règles fixes* et *invariables*, suivant que telle lettre se trouve placée de telle ou telle manière dans la racine.

DIVISION DES VERBES IRRÉGULIERS

Les verbes *irréguliers* sont ceux :

1° *Dont la deuxième radicale est la même que la troisième ;*

2° *Dans la racine desquels il entre l'une des trois lettres* ا و ي.

Les *premiers* sont dits verbes *sourds*, parce que les deuxième et troisième radicales étant réunies en une seule lettre, au moyen d'un ّ , on fait entendre dans la prononciation un son sourd.

Ex. : مدّ *medd* (étendre), pour مدد.

لمّ *lamm* (rassembler), pour لمم.

Les *seconds* sont appelés *imparfaits*.

Les verbes *imparfaits* se divisent en *quatre classes*, selon que le و ou le ي forment la *première*, la *seconde*, ou la *troisième* radicale, ou que la racine contient un أ *hamzé*.

Lorsque la première radicale est un و ou un ي, on les nomme *assimilés*.

Lorsque la deuxième radicale est un و ou un ي, on les nomme *concaves*.

Lorsque la troisième radicale est un و ou un ي, on les nomme *défectueux*.

Les verbes, enfin, sont dits *hamzés*, lorsque l'une de leurs radicales est un ا surmonté d'un ء (أ).

SECTION PREMIÈRE

VERBES SOURDS.

Les verbes *sourds* sont réellement des verbes trilitères, puisqu'ils ont trois lettres à la 3e personne du masculin du prétérit. Ex. : مدد.

L'irrégularité du verbe *sourd* consiste dans la réunion en une seule, au moyen d'un ّ , de la *seconde* et de la *troisième* radicale, ex. : مدّ, et l'addition de certaines lettres euphoniques qu'entraîne cette réunion.

On dira donc :

مدّ *medd* (étendre), au lieu de مدد *meded*.
شدّ *chedd* (serrer), . . . شدد *cheded*.
لمّ *lamm* (réunir), . . . لمم *lamem*.

Cette consonnance de deux lettres identiques, à la fin d'un mot, blesse l'oreille lorsque l'on vient surtout à ajouter les lettres serviles qui caractérisent les personnes et les genres. En effet, si on le conjuguait régulièrement, le verbe شدد devrait faire à la 3e personne du féminin, singulier, du prétérit : شددت *chededat*, et à la 2e personne du féminin du même temps : شددتي *chededti*.

L'irrégularité du verbe *sourd* a donc pour unique motif l'*euphonie*. Or, l'euphonie ne pouvant être blessée qu'au temps où les personnes et les genres se distinguent par les lettres serviles de la fin, il s'ensuit que le verbe *sourd* n'est irrégulier qu'au *prétérit*. Il est, au contraire, régulier à l'*aoriste*, parce que les personnes de ce temps se caractérisent par les lettres initiales.

L'irrégularité du verbe *sourd* consiste *dans l'intercalation d'un* ي *euphonique entre la dernière radicale et la lettre* ت, *caractéristique des 1re et 2e personnes du singulier et du pluriel du prétérit.*

Voici au surplus la conjugaison de ce verbe.

Conjugaison du verbe sour

PRÉTÉRIT.

Masculin.	Commun.	Féminin.
	Singulier.	
مدّ *medd*	»	مدّت *meddet*
مدّيت *meddeït*	»	مدّيتي *meddeïti*
»	مدّيت *meddeït*	»
	Pluriel.	
»	مدّوا *meddou*	»
»	مدّيتوا *meddîtou*	»
»	مدّينا *meddîna*	»

AORISTE.

Masculin.	Commun.	Féminin.
	Singulier.	
يمدّ *iemedd*	»	تمدّ *temedd*
تمدّ *temedd*	»	تمدّي *tmeddi*
»	نمدّ *nemedd*	»
	Pluriel.	
»	يمدّوا *iemeddou*	»
»	تمدّوا *temeddou*	»
»	نمدّوا *nemeddou*	»

IMPÉRATIF.

Masculin.	Commun.	Féminin.
	Singulier.	
مدّ *medd*	»	مدّي *meddi*
	Pluriel.	
»	مدّوا *meddou*	»

PARTICIPE ACTIF (1).

Masculin.	Commun.	Féminin.
	Singulier.	
مادّ *mâdd* مادد *mâded*	»	مادّة *mâdda* ماددة *madeda*
	Pluriel.	
»	مادّين *maddîn* مددين *madedîn*	»

Nous passons actuellement aux verbes *imparfaits*, car les verbes *sourds* ne présentent, comme on le voit, aucune espèce de difficulté.

SECTION II.

VERBES IMPARFAITS.

Les verbes *imparfaits* sont ou *assimilés*, ou *concaves*, ou *défectueux*, ou *hamzés*.

§ 1er. — VERBES ASSIMILÉS.

Les verbes *assimilés* sont, comme nous l'avons dit, ceux dont la première radicale est un و ou un ي (2).

(1) Inusité.

(2) A l'exception de يبس dont le participe يابس *iâbes* (desséché) est très-usité, on ne rencontre pas de verbes assimilés commençant par un ي qui soient employés dans le style ordinaire.

A l'opposé des verbes *sourds*, dont le prétérit est irrégulier, et l'aoriste régulier, les verbes *assimilés* ont le prétérit régulier, et l'aoriste irrégulier.

L'irrégularité des verbes assimilés consiste dans la suppression à l'aoriste du و initial.

Le *prétérit* des verbes assimilés étant *régulier*, nous croyons inutile d'en donner ici la conjugaison.

Quant à l'*aoriste*, celui du verbe وصل *ouçal* (arriver), par exemple, devra se conjuguer de la manière suivante.

AORISTE.

Masculin.	Commun.	Féminin.
	Singulier.	
يصل *ieçal*	»	تصل *tçal*
تصل *tçal*	»	تصلي *tçali*
»	نصل *nçal*	»
	Pluriel.	
»	يصلوا *içalou*	»
»	تصلوا *tçalou*	»
»	نصلوا *nçalou*	»

L'*impératif* du verbe *assimilé* ne prend pas d'ا initial (1); on dira donc: صل *çel.*

Le *participe actif* est régulier: واصل *ouaçel.*

Du reste, il arrive le plus souvent que les Arabes ne font pas attention à la règle de conjugaison de l'*aoriste* des verbes *assimilés*. Ils conjuguent donc ces verbes comme s'ils étaient réguliers et disent: يوصل *iouçal*, توصل *touçal*, etc.

Cette dérogation aux règles de la grammaire se rencontre moins fréquemment dans l'écriture, et la raison en est toute simple: c'est que ceux qui savent écrire, connaissent toujours, plus ou moins bien, les principes réguliers de leur langue.

(1) Voir la remarque placée au bas de la page 44.

2. — VERBES CONCAVES.

Le verbe *concave* est celui dont la deuxième radicale est un و ou un ي. Si la deuxième radicale est و, ils sont dits *concaves par* و ; si elle est ي, ils sont dits *concaves par* ي.

Avant de passer à la conjugaison du verbe *concave*, il sera bien de relire les principes posés plus haut (page 24), relativement à la permutation entre elles des trois lettres ا و ي. Nous en trouverons ici la fréquente application.

L'irrégularité du verbe *concave* consiste en ce qu'à la 3e personne du singulier et du pluriel du *prétérit*, le و ou le ي radical est remplacé par un ا, et qu'aux 1re et 2e personnes du même temps, ce و ou ce ي est supprimé et se change en la voyelle correspondante à la lettre retranchée, c'est-à-dire en ـُ pour les verbes *concaves* par و et en ـِ pour es verbes *concaves* par ي

Ex. : كان *kân* pour كَوَن ; سار *sâr* pour سَيَر

A l'*aoriste* le و ou le ي radical reparaît.

L'irrégularité du verbe *concave* provient de ce que la radicale و ou ي se trouve précédée d'un ـَ. Or, comme il a été expliqué ci-dessus (page 25), lorsque و ou ي est précédé d'une voyelle *qui n'est pas son analogue*, ce و ou ce ي se change *en la lettre analogue à la voyelle placée devant lui.*

Par conséquent, au *prétérit* des verbes *concaves*, و ou ي, se trouvant après ـَ, doit donc se permuter en ا, lettre analogue du ـَ.

A l'*aoriste*, au contraire, le و ou le ي de la racine étant précédé de sa voyelle analogue ـُ ou ـِ, le و ou le ي reste et devient lettre de prolongation.

On écrira donc et on prononcera : { كَانَ *kan*, pour كَوَنَ, concave par و.
{ سَارَ *sar*, pour سَيَرَ, concave par ي.

A l'*aoriste*. . . . . { كَانَ *kan*, fera يَكُونُ
{ سَارَ *sâr*, fera يَسِيرُ

Les tableaux suivants présentent la conjugaison du verbe *concave* par و et celle du verbe *concave* par ي.

Conjugaison du verbe concave par و.

PRÉTÉRIT.

	Masculin.	Commun.	Féminin.
		Singulier.	
3e p.	كان *kân* (1)	»	كانت *kânet*
2e p.	كنت *kount*	»	كنتي *kounti*
1re p.	»	كنت *kount*	»
		Pluriel.	
3e p.	»	كانوا *kânou*	»
2e p.	»	كنتوا *kountou*	»
1re p.	»	كنا *kounna*	»

AORISTE.

	Masculin.	Commun.	Féminin.
		Singulier.	
3e p.	يكون *ikoûn*	»	تكون *tkoûn*
2e p.	تكون *tkoûn*	»	تكوني *tkoûni*
1re p.	»	نكون *nekoûn*	»
		Pluriel.	
3e p.	»	يكونوا *ikoûnou*	»
2e p.	»	تكونوا *tkoûnou*	»
1re p.	»	نكونوا *nkoûnou*	»

IMPÉRATIF.

	Masculin.	Commun.	Féminin.
		Singulier.	
2e p.	كُن *koun*	»	كوني *koûni*
		Pluriel.	
2e p.	»	كونوا *koûnou*	»

(1) Le verbe كان signifie *être*.

PARTICIPE.

Masculin.	Commun.	Féminin.
	Singulier.	
كاين *kâin*	»	كاينة *kaîna*
	Pluriel.	
»	كاينين *kâinîn*	»

Conjugaison du verbe concave par ي.

PRÉTÉRIT.

	Masculin.	Commun.	Féminin.
		Singulier.	
3e p.	سار *sâr* (1)	»	سارت *sâret*
2e p.	سرت *sert*	»	سرتي *serti*
1re p.	»	سرت *sert*	»
		Pluriel.	
3e p.	»	ساروا *sârou*	»
2e p.	»	سرتوا *sertou*	»
1re p.	»	سرنا *serna*	»

AORISTE.

	Masculin.	Commun.	Féminin.
		Singulier.	
3e p.	يسير *isîr*	»	تسير *tsîr*
2e p.	تسير *tsîr*	»	تسيري *tsîri*
1re p.	»	نسير *nsîr*	»
		Pluriel.	
3e p.	»	يسيروا *iesîrou*	»
2e p.	»	تسيروا *tsîrou*	»
1re p.	»	نسيروا *nsîrou*	»

(1) Le verbe سار signifie *aller*.

IMPÉRATIF.

	Masculin.	Commun.	Féminin.
		Singulier.	
2e p.	سير *sir*	»	سيري *siri*
		Pluriel.	
2e p.	»	سيروا *sirou*	»

PARTICIPE.

Masculin.	Commun.	Féminin.
	Singulier.	
ساير *sâir*	»	سايرة *sâira*
	Pluriel.	
»	سايرين *sâirîn*	»

Observations sur le verbe concave

L'examen des tableaux précédents fait voir :

1o Que les verbes *concaves*, qu'ils le soient par و ou par ي, se conjuguent *identiquement de la même manière*, le و ou le ي établissant la seule différence ;

2o Que ces verbes, irréguliers au *prétérit*, sont réguliers à l'*aoriste ;*

3o Que l'irrégularité du *prétérit* consiste : 1o dans le remplacement du و ou du ي par ا, *aux troisièmes personnes du singulier et du pluriel ;* 2o dans la suppression du و ou du ي *aux premières et secondes personnes du singulier et du pluriel* (1)

4o Que l'irrégularité de l'*impératif* provient de la suppression du و ou du ي radical à la 2e personne, masculin.

(1) Cette irrégularité provient de ce que, d'après les règles de l'arabe, ي و ا se suppriment quand ils sont placés devant deux consonnes privées de voyelles.

Ex. قلت *qolt* (j'ai dit), racine : قال.

En un mot, que toutes les irrégularités du verbe *concave* proviennent de la combinaison des lettres و et ي avec les voyelles qui les précèdent.

§ 3. — VERBES DÉFECTUEUX.

Les verbes *défectueux* sont ceux dont la troisième radicale est un و ou un ي. Il y a donc régulièrement deux sortes de verbes *défectueux*, les uns en و comme غَزَوَ *rhazou* ; les autres en ي, comme مشي *mecha*. Les premiers sont en nombre extrêmement limité.

L'usage en Algerie n'admet pas la distinction qui devrait exister dans la conjugaison grammaticale des verbes qui se terminent en و ou en ي ; il les confond les uns avec les autres. Examinons pourquoi.

Les verbes dont la dernière radicale est و, غَزَوَ, par exemple, doivent changer à la racine ce و en ا, en raison de l'influence de la voyelle ـَ qui précède cette lettre. غَزَوَ devient donc ainsi غَزَا *rheza* (faire une incursion).

Par suite de cette mutation du و en ا, les verbes défectueux, soit en و, soit en ي, se trouvent avoir, à la racine, le même son *a*. Ex. : غزا *rheza*, مشي *mecha*. L'usage en profite pour les assimiler complétement entre eux au *prétérit*.

A l'*aoriste*, la lettre ا ou ي de la racine reparaît, et ce temps se conjugue absolument de la même manière que l'*aoriste* du verbe régulier ضرب.

La conjugaison des verbes *défectueux* se trouve de cette manière réduite, dans l'usage, à une seule, comme on pourra s'en assurer par la comparaison des deux tableaux ci-après, qui contiennent la conjugaison du verbe غزا et celle du verbe مشي.

Toutefois, comme dans les lettres écrites avec soin, ainsi que dans les livres, on rencontrera nécessairement la conjugaison grammaticale des verbes *défectueux* en و et en ي, nous avons cru utile de la faire connaître dans les deux autres tableaux qui suivront.

Conjugaison usuelle des verbes défectueux par و.

PRÉTÉRIT.

	Masculin.	Commun.	Féminin.
		Singulier.	
3e p.	غزا *rheza*	»	غزت *rhezat*
2e p.	غزيت *rhezît*	»	غزيتي *rheziti*
1re p.	»	غزيت *rhezît*	»
		Pluriel.	
3e p.	»	غزاوا *rhezaou*	»
2e p.	»	غزيتوا *rhezitou*	»
1re p.	»	غزينا *rhezina*	»

AORISTE.

	Masculin.	Commun.	Féminin.
		Singulier.	
3e p.	يغزا *ierhza*	»	تغزا *terhza*
2e p.	تغزا *terhza*	»	تغزي *terhzi*
1re p.	»	نغزا *nerhza*	»
		Pluriel.	
3e p.	»	يغزاوا *ierhzaou*	»
2e p.	»	تغزاوا *terhzaou*	»
1re p.	»	نغزاوا *nerhzaou*	»

IMPÉRATIF.

	Masculin.	Commun.	Féminin.
		Singulier.	
2e p.	اغزا *erhza*	»	اغزي *erhzi*
		Pluriel.	
2e p.	»	اغزاوا *erhzaou*	»

PARTICIPE.

Masculin.	Commun.	Féminin.
	Singulier.	
غازي *rházi*	»	غازية *rházia*
	Pluriel.	
»	غازيين *rhazîn*	»

Conjugaison usuelle des verbes défectueux par ي.

PRÉTÉRIT.

	Masculin.	Commun.	Féminin.
		Singulier.	
3ᵉ p.	مشي *mecha*	»	مشت *mechat*
2ᵉ p.	مشيت *mechît*	»	مشيتي *mechiti*
1ʳᵉ p.	»	مشيت *mechit*	»
		Pluriel.	
3ᵉ p.	»	مشاوا *mechaou*	»
2ᵉ p.	»	مشيتوا *mechitou*	»
1ʳᵉ p.	»	مشينا *mechina*	»
		AORISTE.	
		Singulier.	
3ᵉ p.	يمشي *iemchi*	»	تمشي *temchi*
2ᵉ p.	تمشي *temchi*	»	تمشي *temchi*
1ʳᵉ p.	»	نمشي *nemchi*	»

AORISTE.

	Masculin.	Commun.	Féminin.
		Pluriel.	
3e p.	»	يمشيوا iemchiou	»
2e p.	»	تمشيوا temchiou	»
1re p.	»	نمشيوا nemchiou	»

IMPÉRATIF.

	Masculin.	Commun.	Féminin.
		Singulier.	
2e p.	امشي emchi	»	امشي emchi
		Pluriel.	
2e p.	»	امشيوا emchiou	»

PARTICIPE.

Masculin.	Commun.	Féminin.
	Singulier.	
ماشي mâchi	»	ماشية mâchia
	Pluriel.	
»	ماشيين mâchiin	»

Telle est la manière dont l'on conjugue, dans l'usage, les verbes *défectueux;* voyons maintenant quelle est leur conjugaison grammaticale, celle dont se servent les hommes lettrés dans le style *écrit.*

Conjugaison grammaticale du verbe défectueux, par و.

PRÉTÉRIT.

	Masculin.	Commun.	Féminin.
		Singulier.	
3e p.	غزا rhaza	»	غزت rhazat
2e p.	غزوت rhazout	»	غزوتي rhazouti
1re p.	»	غزوت rhazout	»

	Masculin.	Commun.	Féminin.
		PRÉTÉRIT.	
		Pluriel.	
3e p.	»	غزوا *rhazaou*	»
2e p.	»	غزوتوا *rhazoutou*	»
1re p.	»	غزونا *rhazouna*	»
		AORISTE.	
		Singulier.	
3e p.	يغزو *iarhzou*	»	تغزو *tarhzou*
2e p.	تغزو *tarhzou*	»	تغزي *tarhzi*
1re p.	»	نغزو *narhzou*	»
		Pluriel.	
3e p.	»	يغزوا *iarhzou*	»
2e p.	»	تغزوا *tarhzou*	»
1re p.	»	نغزوا *narhzou*	»
		IMPÉRATIF.	
		Singulier.	
2e p.	اغزُ *arhzou*	»	اغزي *arhzi*
		Pluriel.	
2e p.	»	اغزوا *arhzou*	»
		PARTICIPE.	
		Singulier.	
	غازي *rhâzi*	»	غازية *rhâzia*
		Pluriel.	
	»	غازيين *rhaziîn*	»

Conjugaison grammaticale du verbe défectueux, par ي.

PRÉTÉRIT.

	Masculin.	Commun.	Féminin.
		Singulier.	
3e p.	مشي *mecha*	»	مشت *mechat*
2e p.	مشيت *mechît*	»	مشيتي *mechîti*
1re p.	»	مشيت *mechit.*	»
		Pluriel.	
3e p.	»	مشوا *mechaou*	»
2e p.	»	مشيتوا *mechîtou*	»
1re p.	»	مشينا *mechîna*	»

AORISTE.

	Masculin.	Commun.	Féminin.
		Singulier.	
3e p.	يمشي *iemchi*	»	تمشي *temchi*
2e p.	تمشي *temchi*	»	تمشي *temchi*
1re p.	»	نمشي *nemchi*	»
		Pluriel.	
3e p.	»	يمشوا *iemchou*	»
2e p.	»	تمشوا *temchou*	»
1re p.	»	نمشوا *nemchou*	»

IMPÉRATIF.

	Masculin.	Commun.	Féminin.
		Singulier.	
2e p.	امشِ *emchi*	»	امشي *emchi*
		Pluriel.	
2e p.	»	امشوا *emchou*	»

PARTICIPE.

Masculin.	Commun.	Féminin.
	Singulier.	
ماشي *mâchi*	»	ماشية *mâchia*
	Pluriel.	
»	ماشيين *machiîn*	»

On voit par la comparaison des deux tableaux précédents :

1° Que la conjugaison *usuelle* des verbes *défectueux* est à peu de chose près la même que celle du verbe trilitère ضرب *dharab* ;

2° Que la conjugaison *grammaticale* des mêmes verbes s'en écarte assez notablement, parce qu'elle tient compte de l'influence des voyelles sur les radicales و et ي, et qu'elle n'admet pas par conséquent l'assimilation entre ces deux sortes de verbes.

Remarque. — Nous ferons observer que le son de la lettre finale ي n'est pas le même au prétérit qu'aux autres temps. A la 3e personne du prétérit, elle se prononce *a;* ex. : مشي *mecha,* et aux autres temps *i;* ex. : يمشي *iemchi.*

§ 4. — VERBES HAMZÉS.

Les verbes *hamzés* sont ceux qui ont pour *première, seconde,* ou *troisième* radicale un ا surmonté d'un ء (أ), signe qui indique que l'ا est lui-même radical.

Ex. : أخذ *akhad* (il a pris) ; سأل *sal* (il a demandé) ; برأ *bra* (il a guéri).

Voyons quelles sont les modifications qu'apporte, dans la conjugaison des verbes *hamzés,* la position de l'أ.

1° أ initial. Les verbes qui ont أ pour première radicale se conjuguent régulièrement.

Prétérit.	Aoriste.	Impératif.	Participe.
أخذ *akhad*;	يأخذ *iakhod*;	خذ *khod*;	آخذ *âkhed* (1).

Toutefois, les Algériens font de certains verbes *hamzés* de cette forme des verbes *défectueux*. Ils conjugueront donc de la manière suivante :

PRÉTÉRIT.

Masculin.	Commun.	Féminin.
	Singulier.	
خذا *kheda*	»	خذت *khedat*
خذيت *khedit*	»	خذيتي *khediti*
»	خذيت *khedit*	»
	Pluriel.	
»	خذاوا *khedaou*	»
»	خذيتوا *kheditou*	
»	خذينا *khedina*	»

Cette forme de conjugaison, qui change le verbe *hamzé* en verbe *défectueux*, ne s'applique du reste qu'aux deux verbes أخذ *akhad* dont on fait خذا *kheda*, et أكل *akal* (manger), dont on fait كلا *kela*.

Cette irrégularité, particulière à l'Algérie, est d'ailleurs limitée au *prétérit*. Aux autres temps on rentre dans la règle.

2° أ MÉDIAL. Les verbes qui ont pour deuxième radicale أ se conjuguent régulièrement, c'est-à-dire comme le verbe trilitère ضرب, sauf

1) Le signe ~ indique, comme nous l'avons dit page 20, la présence d'un second ا. آخذ équivaut donc à اأخذ, forme régulière des participes.

au participe, où, par suite de la règle de permutation, l'ا radical se change en ي. Ex. :

Prétérit.	Aoriste.	Impératif.	Participe.
سأل *sal;*	يسأل *isal;*	اسأل *esal* (1);	سايل *saïl.*

Souvent, dans l'écriture, mais seulement à l'*aoriste* et au *participe*, on supprime l'أ, et l'on écrit au-dessus de la place que cette lettre devrait occuper le ء, de la manière suivante : يسئل *is-al.*

Lorsqu'en raison de la règle de permutation des lettres l'أ radical est changé en ي, on peut s'abstenir de mettre les points caractéristiques au-dessous du ي. Ainsi, au lieu d'écrire سايل *saïl,* on écrira سائل.

3° أ FINAL. Enfin, les verbes qui ont pour troisième radicale أ se conjuguent, dans l'usage, comme les verbes *purement défectueux* terminés en ا (voir ci-dessus, page 64, la conjugaison usuelle du verbe غزا *rheza*).

De la conjugaison des verbes *défectueux* comparée avec celle des verbes dont la dernière radicale est أ, on peut conclure que, dans l'usage, c'est-à-dire dans le langage et le style ordinaires, tous les verbes qui se terminent par le son *a* se conjuguent d'après les mêmes règles, et à peu de chose près comme le verbe régulier.

Quant à la conjugaison grammaticale des verbes dont la racine se termine par أ, elle est régulière, sauf l'observation des règles de la permutation des lettres.

Prétérit.	Aoriste.	Impératif.	Participe
بَرَأ *bra.*	يبرؤ *ibrou.*	ابرؤ *ebrou.*	بارئ *bâri.*

Les signes voyelles, que nous avons eu soin de marquer, indiqueront les motifs de la mutation de l'ا en و ou en ي.

Nous terminerons ce chapitre par deux remarques qui se rapportent également à tous les verbes *irréguliers* dans lesquels il entre, comme radicale, l'une des lettres ا و ي; c'est pour ce motif que nous les plaçons ici.

REMARQUES. — 1° Nous avons vu jusqu'à présent des verbes dans lesquels il n'entre qu'une seule des lettres ا و ي; mais il s'en trouve quelques-

(1) Régulièrement سل *sèl.*

uns dans la racine desquels on rencontre deux de ces lettres : ainsi وفي *ouafa* (accomplir une promesse) ; أتي *ata* (venir) ; قوّي *qaoua* (fortifier).

Ces verbes n'offrent pas plus de difficulté que les précédents, car ils se conjuguent comme s'ils étaient *purement défectueux*. On dira donc :

Prétérit : وفي *ouafa*, aoriste : يوفي *ioufi*		Voir ci-dessus la conjugaison du verbe مشي.
Prétérit : أتي *ata*, aoriste : ياتي *iati*		
Prétérit. قوّي *qaoua*, aoriste : يقوّي *ieqaoui*		

2° Les verbes *irréguliers*, comme les verbes *réguliers*, ont des formes dérivées qui se caractérisent de la même manière et par les mêmes lettres serviles. Ces formes ne présentent par conséquent d'autre difficulté que celle que peut entraîner la permutation des lettres ي, و et ا, par suite de leur combinaison, soit avec les voyelles, soit avec l'ا qui se rencontre dans plusieurs des formes dérivées.

APPENDICE

AU LIVRE PREMIER

Manière d'exprimer le verbe *avoir*. — Manières de rendre le verbe *être*. — De l'expression ما زال employée pour rendre le mot *encore* (adverbe de temps). — De l'expression زاد.

Manière d'exprimer le verbe *AVOIR*.

L'idée d'*avoir* est tellement naturelle, elle est tellement nécessaire aux besoins de la vie, que l'on doit s'étonner de ne pas rencontrer dans une langue d'expression pour la traduire, autrement que par une périphrase.

C'est cependant ce qui a lieu en arabe.

Pour rendre l'idée d'avoir, on a recours à la préposition عند *a''nd* (chez), jointe au *pronom affixe personnel* (1). On traduira donc l'expression *j'ai, tu as, il a*, etc., par ces mots : *chez toi, chez moi chez lui*, etc. — Exemple

	Masculin.	Commun.	Féminin.
		Singulier.	
J'ai	عندي *a''nd-i*	»	عندي *a''nd-i*
Tu as	عندك *a''nd-ak*	»	عندك *a''nd-ki*
Il a	عنده *a''nd-ho*	»	عندها *a''nd-ha*
		Pluriel.	
Nous avons	»	عندنا *a''nd-na.*	»
Vous avez	»	عندكم *a''nd-koum*	»
Ils ont	»	عندهم *a''nd-hom*	»

(1) Voir, ci-après, livre deuxième, chap. III.

J'ai une petite chienne dont le nom est Bida. عندي كليبة اسمها بيضا *a"nd-i kleïba ism-ha bidha.* — *Chez moi* petite chienne nom son Bida.

As-tu le livre des Mille et une Nuits? عندك شي كتاب الف ليلة و ليلة *a"nd-ak chi ktâb elf leila oua leila.* — *Chez toi* chose livre Mille et (une) Nuit?

Il a un grand jardin à Baba Ali. عنده جنان كبير في بابا علي *a"nd-ho djenân kbir fi baba a"li.* — *Chez lui* jardin grand dans Baba Ali.

Il est, du reste, à observer que l'expression عند, jointe au pronom affixe, ne peut être employée indistinctement pour exprimer notre auxiliaire français *avoir*, mais uniquement pour rendre ce verbe pris dans l'acception de *posséder*. En effet, en latin comme en arabe, l'auxiliaire est compris dans le verbe dont on exprime l'idée; ainsi : كتبت *ktabt* signifie : *j'ai écrit.*

L'*imparfait* du verbe *avoir*, *j'avais*, *tu avais*, etc., se traduit par l'expression عندي, عندك, عنده que l'on fait précéder du verbe كان *kân* (être), qui reste invariable. C'est comme si l'on disait : *était chez moi*, *était chez toi*, etc.

Ex. : J'avais كان عندي *kân a"nd-i.*
Tu avais كان عندك *kân a"nd-ak.*
Il avait كان عنده *kân and-ho.*

J'avais un cheval qui courait comme le vent. كان عندي عود يجري كالريح *kân a"nd-i a"oud idjri ker-rihh.* — *Était chez moi* cheval il court comme le vent.

Nous avions un domestique. كان عندنا خديم *kân a"nd-na khedîm.* — *Était chez nous* domestique.

Le *futur* du verbe avoir : *J'aurai*, *tu auras*, se rend par l'expression عندي, عندك, عنده, précédée de l'*aoriste* du verbe كان; يكون *ikoun*, qui reste invariable.

J'aurai يكون عندي *ikoun a"nd-i* (sera chez moi).
Tu auras يكون عندك *ikoun a"nd-ak* (sera chez toi).
Il aura يكون عنده *ikoun a"nd-ho* (sera chez lui).

Quand son père mourra, *il aura* beaucoup d'argent. كي باباه يموت يكون عنده مال بالزاف *ki baba-h imout ikoun a''nd-ho mal biz-zaf.* — Quand père son mourra, *sera chez lui* argent beaucoup.

Lorsque vous reviendrez, *j'aurai* la réponse. وقت آلي ترجع يكون عندي الجواب *ouaqt elli terdja'' ikoun a''nd-i al-djouab.* — Temps lequel tu reviendras, *sera chez moi* la réponse.

Le *participe actif* du verbe *avoir,* se rend comme le présent du même verbe.

C'est un homme *ayant* beaucoup d'intelligence, هذا الرجل عنده عقل بالزاف *had er-radjel a''nd-ho a''ql biz-zaf.* — Ce le homme *chez lui* intelligence beaucoup.

Différentes manières d'exprimer le verbe *ÊTRE*

Nous avons dit plus haut (page 38), en parlant de la manière dont on peut rendre en arabe l'*actualité* de l'action exprimée par le verbe, que l'on se servait de la particule را *ra*, jointe au pronom affixe de la personne et que l'on faisait suivre de l'*aoriste* ou du *participe* du verbe.

Ex. : راني نكتب *rani nektob* } j'écris actuellement.
راني كاتب *rani kâteb* }

Cette même particule را, *unie au même pronom personnel*, s'emploie presque constamment dans l'arabe parlé pour rendre le présent du verbe *être : je suis, tu es*, etc.

Je suis dans la chambre.	راني في البيت	*rani fi-l bit*
Tu es malade.	راك مريض	*rak mridh.*
Il est sur la terrasse.	راه فوق الصطاح	*rahou fouq eç-çthah*
Ils sont en bonne santé.	راهم بخير	*rahoum bi-kheïr.*
Vous êtes à vous promener.	راكم تحوّسوا	*rakoum tehhaouessou.*
Ils sont au jardin.	راهم في الجنان	*rahom fi-d djenân.*

Lorsque le verbe *être*, au présent, est accompagné de la négation *pas,* qui se rend en arabe par ما *ma* ou ما شي *ma chi* (pas chose), on supprime la particule را, et l'on intercale entre les mots ما *ma* et شي *chi* le pronom affixe de la personne.

Je ne suis pas tranquille. ماني شي مهني *mani chi mehni.*

Tu n'es pas tranquille. ماك شي مهني *mak chi mehni.*

Il n'est pas tranquille. ماه شي مهني *mahou chi mehni.*

Les Arabes, comme nous l'avons dit déjà, ne font usage des verbes que lorsqu'ils y sont, pour ainsi dire, forcés, et par conséquent, toutes les fois qu'ils peuvent s'en passer, ils s'en passent.

Appliquant ce principe au verbe *être*, en particulier, nous ajouterons qu'ils se servent du pronom personnel *non affixe* انا *ana* (moi), انت *enta* (toi), هو *houa* (lui) (1), etc., dont nous parlerons tout à l'heure, pour exprimer le verbe *être* au *présent*.

C'est un homme excellent. هو رجل مليح بالزاف *houa radjel mlihh biz-zaf.* — *Lui* homme bon beaucoup.

Êtes-vous content? انت مبسوط *enta mabsouth*— *Toi* content?

Je suis bien portant. انا بخير *ana bi-kheir. Moi* avec le bien.

Les particules را et ما, ainsi que le pronom personnel non affixe, ne s'emploient, du reste, que pour la traduction du *présent* du verbe *être*. Pour rendre le *prétérit* et le *futur*, il faudra donc recourir au verbe كان *kân*, aoriste يكون *ikoum.*

De l'expression ما زال *ma zal*, employée pour rendre *ENCORE* (adverbe de temps).

L'adverbe français *encore* ne se rendant, le plus souvent en arabe, que par le verbe زال *zâl* (cesser), précédé de la négation ما *ma* (pas), il nous a paru plus naturel de parler de cette expression, en terminant ce que nous avons à dire des verbes, que de renvoyer aux *adverbes* les observations que nous avons à faire.

(1) Voir livre deuxième, chap. III.

L'expression ما زال *ma zâl* est composée de deux mots, du verbe concave زال *zâl*, aoriste يزول *izoûl*, et de la particule négative ما *ma*. ما زال *ma zâl* signifie donc à proprement parler, *il n'a pas cessé.*

Le verbe زال, pour pouvoir s'adapter aux différentes personnes auxquelles se rapporte le mot *encore*, doit naturellement se conjuguer.

Ainsi, dans cet exemple : *Je suis encore au lit*, l'idée du verbe *être* se rapportant à *moi* qui *suis encore au lit*, à moi 1re personne, le verbe زال devra se trouver à la 1re personne.

Je suis encore au lit : راني ما زلت في الفرشة *rani ma zelt fi-l-farcha* — Je suis *pas j'ai cessé d'être* dans le lit.

Il est encore malade : ما زال مريض *ma zâl mridh.* — *Pas il a cessé d'être* malade.

Ils sont encore bien portants. ما زالوا طيّبين *ma zâlou thaïebîn.* — *Pas ils ont cessé d'être* bien portants.

Dans les exemples qui précèdent, l'adverbe *encore* a, en français, un sens *positif* et il se rend de la manière que nous venons d'indiquer.

Lorsqu'il a, au contraire, le sens *négatif* de *pas encore*, en d'autres termes, lorsqu'une négation y est jointe, on ajoute en arabe, après le mot زال *zâl*, la particule négative ما *ma*. On dira donc : ما زال ما *ma zâl ma.*

Il ne m'a pas encore écrit : ما زال ما كتب لي *ma zâl ma ktab li.* — *Pas il a cessé pas* il a écrit à moi.

Nous n'avons pas encore été à la tribu : ما زلنا ما مشينا إلي العرش *ma zelna ma mchina ila el-a''rch.* — *Pas nous avons cessé pas* nous sommes allés à la tribu.

Sid Ahmed n'est pas encore venu : سيد احمد ما زال ما جا شي *sid ahhmed ma zâl ma dja-ch.* — Sid Ahmed *pas il a cessé pas* il est venu chose.

Remarque. Il est à observer que l'expression ما زال *ma zâl* ne peut être employée pour signifier *encore* que quand cet adverbe s'applique à la *durée du temps*. Lorsque *encore* veut dire : *de nouveau*, il faut se servir du verbe زاد *zâd*, aoriste يزيد *izîd*, concave par ي, et qui signifie : *augmenter, ajouter.*

Ce verbe, ainsi que le précédent, doit se mettre à la personne, au genre et au nombre où se trouve le verbe principal qui régit la phrase ; mais ce que l'on ne saurait faire pour le verbe زال, il peut se mettre à l'*aoriste*.

J'irai *encore* chez lui. نزيد نمشي عنده *nezíd nemchi a''ndho.* — *J'augmenterai* j'irai chez lui

Je relirai la lettre. نزيد نقرا البراة *nezíd neqra el-bara.*— *J'augmenterai je lirai la lettre*

Vois-le *encore.* زد تشوفه *zid tchouf-ho.* — *Augmentes* tu verras lui.

Le verbe زاد s'emploie également pour traduire l'idée de répétition que certains verbes français expriment par la syllabe *re* placée devant le verbe simple, comme *redire.*

Je vous répète. نزيد نقول لك *nezid neqoul lak.* — *J'augmente* je dirai à vous.

LIVRE DEUXIÈME.

DU NOM.

Du substantif. — De l'adjectif. — Du pronom.

Nous avons dit plus haut que les Arabes ne reconnaissent que trois parties du discours; que, sous le titre de NOM, ils comprennent le *substantif*, l'*adjectif* et le *pronom;* qu'enfin, ils considèrent les participes comme des adjectifs verbaux.

La division adoptée par notre langue sera celle de ce livre.

CHAPITRE PREMIER.

DU SUBSTANTIF.

Du substantif propre. — Du substantif commun (primitif ou dérivé), formes du substantif dérivé. — Genres des substantifs; du masculin, du féminin. — Nombres des substantifs; du duel, du pluriel (pluriel régulier et irrégulier); principales formes des pluriels irréguliers.

Le substantif peut se diviser en deux grandes classes; le substantif *propre* et le substantif *commun*.

Le substantif *propre* sert à désigner les êtres ou les choses, de telle manière que cette désignation ne peut s'appliquer qu'à une seule personne ou à une seule chose.

Ex. : جزاير *djezair* (Alger) ; احمد *ahhmed* (Ahmed).

Le substantif *commun* exprime, soit l'idée d'une nature commune à tous les individus d'une même espèce, comme le mot رجل *radjel* (homme), soit une qualité quelconque considérée indépendamment des êtres qui en sont l'objet, comme علم *i''lm* (science).

SECTION PREMIÈRE.

DU SUBSTANTIF PROPRE.

Les substantifs *propres*, en arabe comme en français, ne présentent d'autre difficulté que celle qui provient de l'orthographe. Il convient toutefois de remarquer qu'en arabe ceux de ces substantifs qui servent à désigner une personne, par ex. : علي *a''li* (Ali), محمّد *mohhammed* (Mohammed), sont en très-petit nombre et s'appliquent, par conséquent, à une très-grande quantité d'individus.

Pour empêcher la confusion qui naîtrait d'un même nom s'appliquant à plusieurs personnes, les Arabes ajoutent au nom spécial de l'individu, soit celui de son *père*, séparé par l'un des mots بن *ben*, وليد *oulid*, ولد *ouled* (fils), comme :

محمّد بن علي *mohammed ben a''li;*

يوسف وليد محمّد *iousef oulid mohhammed;*

soit celui d'un *métier* ou d'une *ville*, comme :

مصطفي الطوبجي *mouçthafa el-thobdji* (Moustafa le canonnier).

احمد البليدي *ahhmed al-blidi* (Ahmed de Blidah).

Quant à l'orthographe des substantifs propres, elle ne présente pas, à beaucoup près, en arabe, la même difficulté qu'en français. D'une part, en effet, ces substantifs se trouvent restreints à un très-petit nombre ; de l'autre, ils dérivent pour la plupart de racines arabes ayant un sens par elles-mêmes. Ainsi :

محمّد, participe passif de la 2e forme de حمّد *louer*, signifie *loué*.

مصطفي, participe passif de la 8e forme de صفي *être pur*, signifie *purifié*.

جزاير, nom d'Alger, est le pluriel du substantif جزيرة *djezira* (île).

En se reportant ainsi aux racines, on n'écrira donc pas مهمد *mohammed* مستفي *moustafa*, ce qui serait une faute.

Les noms de *tribus*, et surtout ceux de fractions de tribus, dérivent en général du nom de leur fondateur, que l'on fait précéder de l'un des mots : بني *beni*, ولد *ouled*, ou du pluriel ولاد *oulad*, qui tous signifient *fils*, ou enfin de l'article ال *al* (les). Ex. :

بني عيسي *beni a''ïssa.*
بني مجالد *beni medjâled.*
ولد منديل *ouled mandil.*
ولاد سليمان *oulâd solimân.*
ولاد سعيد *oulâd sa''id.*
ولاد سلطان *oulâd solthân.*
الحجاج *el-hhadjadj.*
الملكية *el-mlekia.*

Dans ces deux derniers cas, c'est comme si nous disions en français : *les hhadjadj*, *les mlekia*.

SECTION II.

DU SUBSTANTIF COMMUN.

Plusieurs choses sont à examiner dans le substantif commun :

1° La *forme*; si elle est *primitive* ou *dérivée;*

2° Le *genre*; s'il est *masculin* ou *féminin;*

3° Le *nombre*; s'il est *singulier*, *pluriel* ou *duel*.

§ 1er. — FORME DES SUBSTANTIFS.

Nous avons dit que les différentes parties du discours dérivaient, en arabe, d'une racine, et c'est pour ce motif que nous avons parlé tout d'abord du verbe, dont la 3e personne singulier, masculin, du prétérit, constitue la racine.

Les substantifs dérivent, pour la plupart, nous devrions même dire pour l'immense majorité, d'une racine, de laquelle ils se forment par l'addition de différentes lettres serviles, dont la combinaison avec les lettres radicales indique, comme nous le verrons tout à l'heure, sinon le sens précis du mot, du moins la nature de l'idée représentée par le mot.

Substantifs primitifs.

Quelques substantifs ne se forment cependant pas de cette manière. Ce sont, en général, des mots empruntés à des langues étrangères, ou dont la racine a cessé d'être usitée, ou bien même n'a jamais été connue. Ils sont dits primitifs. Tels sont, par exemple, les mots :

فندق *fondoq* (marché) ; tiré du grec πανδοχεῖον.
بازار *bazar* (basar) ; mot d'origine turque.
زنّار *zonnar* (ceinture) ; mot d'origine grecque ζωναριον.
فنجال *fendjâl* (tasse) ;
بارود *bâroud* (poudre) ;
كورة *goura* (boulet) ;
باب *bâb* (porte).

Ces mots, comme il est facile de s'en assurer, en les comparant les uns aux autres, n'ont aucune règle de formation, aucune racine ; ils sont dits *primitifs*. L'usage et les dictionnaires les feront connaître.

Substantifs dérivés.

Il en est autrement des substantifs *dérivés*. Ces derniers ont des caractères généraux de formation qui varient suivant que les noms expriment :

1° L'*agent;*
2° L'*action* elle-même;
3° Le *métier;*
4° Le *temps* ou le *lieu;*
5° Le nom d'*unité;*
6° L'*instrument;*
7° L'idée de *grâce* et de *diminution*.

Il convient d'examiner ces caractères généraux de formation des substantifs *dérivés* dans les diverses positions qui viennent d'être indiquées.

1° Nom de l'agent. Le nom de l'*agent* n'est autre que le participe actif pris substantivement.

كاتب	*kâteb*, au part. prés.,	*écrivant*, pris substantivement :	*écrivain.*
ناصر	*naçer,*	*défendant,*	*défenseur.*
عالم	*a''alem.*	*sachant,*	*savant.*
حاكم	*hhâkem*	*gouvernant,*	*gouverneur*

Les participes passifs, et les participes actifs des formes *dérivées* ont aussi quelquefois le sens du substantif :

مكتوب *maktoub*, participe passif de كتب (écrire), signifie *lettre.*
مشتري *mouchteri*, part. actif de la 8e forme de شري (acheter), signifie *acheteur.*

2° Nom de l'action ou verbal. Le nom *verbal* est celui qui reproduit d'une manière abstraite l'idée exprimée par le verbe.

Ex. : علم *i''lm* science, de عَلَمْ *a''lam* savoir.

Le nom *verbal* se forme de différentes manières, suivant qu'il provient d'un verbe *primitif* ou d'un verbe *dérivé*. Nous devons dire que dans ce dernier cas la forme n'est jamais dénaturée par les lettres serviles, au point qu'elle ne puisse être facilement reconnue dans le substantif.

Les substantifs qui proviennent du verbe *primitif* affectent différentes formes dont les principales sont résumées dans le tableau ci-après (1) :

(1) Les radicales sont indiquées dans la première colonne par ce signe (,) ; les lettres formatives occupent la place qu'elles doivent avoir dans le mot.

Tableau des formes des substantifs provenant du verbe primitif.

INDICATION DES LETTRES FORMATIVES.	EXEMPLES.	SIGNIFICATION.	RACINE.	SIGNIFICATION DE LA RACINE.
* * *	عِلم	science.	علم	savoir.
* ا * *	كتاب	livre.	كتب	écrire.
ة * ا * *	كتابة	écriture.	كتب	écrire.
* و * *	هجوم	invasion.	هجم	se précipiter.

Les verbes *primitifs* n'ont, en général, qu'une ou deux de ces formes ; l'usage et les dictionnaires peuvent seuls faire connaître quelles sont celles adoptées spécialement pour tel ou tel verbe. C'est pour ce motif que les grammairiens arabes appellent ces noms : مصادر سماعية *mçadir sma"ia* (noms que l'on apprend par l'audition).

Tout au contraire des noms *verbaux* formés du verbe *primitif*, ceux qui proviennent des formes *dérivées* sont soumis à des règles fixes. Aussi les Arabes les appellent-ils مصادر قياسية *mçadir q'assia* (noms réguliers).

Chacune des dix formes du verbe *dérivé* a sa forme particulière de nom d'action ; mais elles sont loin d'être employées toutes au même degré, par la raison bien simple que les verbes *dérivés* eux-mêmes ne sont pas tous usités à un degré égal.

Les formes des noms *verbaux* que l'on retrouve le plus communément sont celles des verbes *dérivés* des 2e, 3e et 8e formes (1).

(*Voir le tableau ci-après.*)

(1) Dans le tableau suivant, nous appelons *lettres formatives* non pas celles qui viennent s'ajouter *à la forme dérivée* du verbe pour constituer le nom verbal, mais celles qui s'adaptent *à la racine* elle-même pour composer ce

Tableau des principales formes des noms verbaux provenant des verbes dérivés.

NUMÉRO de la FORME.	LETTRES FORMATIVES.	EXEMPLES	SIGNIFICATION.	FORME d'où le substantif dérive.	SIGNIFICATION.	RACINE du VERBE.
2e forme.	ت * * ـّ *	تعليم	Enseignement.	علّم	Enseigner.	علم
		تسليم	Action de livrer.	سلّم	Livrer.	سلم
3e forme.	م * ا * * ة	مقاتلة	Combat.	قاتل	Combattre.	قتل
		مخاطبة	Dialogue.	خاطب	S'entretenir	خطب
8e forme.	ا * ت * ا *	انتصار	Victoire.	انتصر	Vaincre.	نصر
		افتخار	Gloire.	افتخر	Être glorifié.	فخر

Les noms d'action des verbes *irréguliers* suivent les mêmes règles ; la seule différence qu'ils présentent provient de l'observation des principes de mutation des lettres ا و ي, lorsqu'elles se combinent avec les sons voyelles, ou avec les consonnes *faibles*.

3° Noms de métier. Les noms qui indiquent une profession se forment en arabe de deux manières :

1° De la *racine*, par l'addition d'un ا après la 2e radicale que l'on redouble elle-même au moyen d'un ـّ. Ex. :

طبخ *thabakh* (cuire); طبّاخ *thabbâkh* (cuisinier).
صرف *çaraf* (changer des espèces); صرّاف *çarrâf* (changeur).
خبز *khabaz* (faire du pain); خبّاز *khobbaz* (boulanger).
سقي *saqa* (abreuver); سقّا *saqqâ* (1) (porteur d'eau).

(1) Par suite de la lettre formative ا qui vient précéder le ي final de la racine, cette dernière lettre se change en ا. Il y a donc deux ا dans le mot سقّآ et c'est ce qu'indique le signe ~ ; ce mot se forme donc régulièrement.

2° *Du nom de la chose qui fait l'objet du métier,* par l'addition à ce nom de la terminaison جي *dji,* forme dont les Turcs se servent pour indiquer les noms de métier et qui est empruntée à leur langue par les Arabes.

سلاحجي *slahh-dji* (armurier);	de	سلاح *slahh* (armes).
حمّامجي *hhammâm-dji* (baigneur);	de	حمّام *hhammâm* (bain).

Il est à remarquer que les Arabes donnent souvent la forme d'un nom de métier aux substantifs qui s'appliquent à un *défaut passé en habitude.* Mais, dans ce cas, ils emploient uniquement la première forme indiquée ci-dessus (فَعَّال). Ex. :

سرّاق *sarrâq* (voleur);	de	سرق *sraq* (voler).
كذّاب *keddâb* (menteur);	de	كذب *kdeb* (mentir).

4° Noms d'unité. On peut réduire, en arabe, certains noms qui expriment *un genre entier,* comme ورد *ouard* (rose), à une idée d'*unité,* en ajoutant à la fin de ces noms un ة. Ex. :

ورد *ouard* (rose);	وردة *ouarda* (une rose).
بصل *baçal* (oignon);	بصلة *bâçla* (un oignon).
تفّاح *teffahh* (pomme);	تفّاحة *teffahha* (une pomme).

Les noms d'espèce entière qui se terminent déjà par un ة, ne sont pas susceptibles d'exprimer l'unité par l'addition d'un nouveau ة. Il faudra alors les faire précéder du mot واحد *ouahhad* (un), au féminin, واحدة *ouahhada.*

5° Noms diminutifs. En français, nous ajoutons au substantif une idée de *petitesse* et de *grâce* par l'addition de la terminaison *ette.* Ex. : *fille, fillette.*

Les Arabes ont aussi, dans leur langue, un moyen de rendre cette idée de *petitesse gracieuse;* mais ils ne l'emploient que dans le style familier, et à l'égard de certains mots qui sont d'un usage très-commun.

Pour donner, en arabe, à un nom le sens diminutif dont nous parlons, on ajoute un ي après la deuxième radicale. Ex. :

طفلة *thofla* (une jeune fille);	طفيلة *thofila* (une jeune fillette).
كلب *kelb* (chien);	كليّب *kleïeb,* (petit chien).

Mais il convient d'observer que tous les noms arabes ne forment pas leur diminutif absolument de la même manière, à cause, soit des signes orthographiques qui les surmontent, soit des lettres *faibles* qui entrent dans le mot. Ainsi :

1° Les noms de *trois* lettres *essentiellement consonnes*, qui ont leur *seconde radicale surmontée d'un* ّ , dédoublent la lettre qui reçoit le ّ et intercalent entre les deux lettres ainsi séparées le ي, signe du diminutif.

جرّة *djarra* (une jarre) ; جريرة *djarira* (une petite jarre).

2° Les mots *de plus de trois lettres dont la 3ᵉ est déjà un* ي, redoublent ce ي au moyen d'un ّ .

دقيقة *dqiqa* (une minute) ; دقيّقة *dqeïqa* (une petite minute).

3° Les mots *de trois lettres qui ont pour médiale un* ا, forment leur diminutif en changeant cet ا en و, et en ajoutant, après le و, le ي indicatif de la forme.

دار *dar* (maison) ; دويرة *douira* (maisonnette).
باب *bab* (porte) ; بويب *bouïeb* (petite porte).

Le diminutif peut lui-même quelquefois être ramené à un diminutif plus petit encore, et devenir ainsi un diminutif du diminutif.

ورد *ouard* (rose) ; وريدة *ouarida* (une petite rose) ; وريّدة *ouareïda* (une toute petite rose).

6° Noms de lieu et de temps. Les noms qui indiquent le *lieu* ou le *temps* se forment, en général, de la racine, par l'addition d'un م avant la première lettre.

وضع *ouedha"* (placer) ; موضع *moudha"* (place), lieu où l'on est.
جري *djera* (couler) ; مجري *medjri* (courant), lieu où l'eau coule
نزل *nezel* (descendre) ; منزل *menzel* (demeure), lieu où l'on habite.
غرب *rharab* (s'éloigner) ; مغرب *morhrab* (occident), lieu où le soleil disparaît, ou temps où il se couche.

7° Noms de l'instrument. Les noms d'instrument peuvent avoir deux formes.

1re forme. مـ . . . ة Ex. : مطرقة *mathraqa* (marteau) ; rac. طرق *tharaq* (frapper).
2e forme. مـ . . ا . Ex. : مفتاح *meftahh* (clef) ; rac. فتح *ftahh* (ouvrir).

§ 2. — GENRES DES SUBSTANTIFS.

Il y a deux genres en arabe : le *masculin* et le *féminin*.

1° DU FÉMININ.

Il n'est pas plus possible en arabe qu'en français de donner des règles absolues pour indiquer quels noms sont *masculins*, quels autres sont *féminins*. Cependant l'on peut dire que le signe du féminin est la terminaison ة, car c'est par l'addition de cette lettre que l'on forme, le plus souvent, le féminin des adjectifs, et que l'on fait de certains substantifs *masculins*, des substantifs *féminins*.

On reconnaît toutefois que les noms sont *féminins* :

1° Lorsqu'ils ne peuvent se rapporter qu'à un être *femelle;*

Ex. : عجوز *a''djouz* (vieille femme) ; أم *omm* (mère) ;

2° Lorsqu'ils sont terminés par un ة, un ا, ou un ي, en un mot lorsque *leur son final est celui de l'*a :

Ex. : راحة *rahha* (repos) ; شتا *chta* (pluie) ; حمّي *hhamma* (fièvre) ;

3° Lorsqu'ils indiquent des parties du corps *qui sont doubles;*

Ex. : يد *ied* (main) ; عين *a''in* (œil) ; رجل *ridjil* (pied) ; ساق *sâq* (jambe) ;

4° Lorsqu'ils désignent des *noms de villes, de pays, de lieu ;*

وهران *ouahrân* (Oran) ; تونس *tounès* (Tunis) ; مصر *maçar* (Egypte).

2° DU MASCULIN.

Sont *masculins*, tous les noms qui ne sont pas compris dans les quatre séries ci-dessus, à l'exception toutefois de quelques mots que l'usage apprendra, et parmi lesquels nous citerons :

أرض *ardh* (terre) ; دار *dar* (maison) ; شمس *chams* (soleil) ; باب *bâb* (porte), etc.

Un certain nombre de substantifs masculins peuvent devenir féminins par l'addition de la lettre ة, lorsque le substantif se rapporte à un genre pourvu de sexe.

كلب *kelb* (chien) ; كلبة *kelba* (chienne).
عود *a''oud* (cheval); عودة *a''ouda* (jument).

Mais cette règle est loin de s'appliquer à la totalité des substantifs. Il en est, au contraire, dont le *masculin* n'a aucune ressemblance avec le féminin.

رجل *radjel* (homme); مرة *mara* (femme).

La pratique seule pourra apprendre dans quels cas le féminin peut se former par l'addition du ة ; dans quels autres, il ne le peut pas.

§ 3. — NOMBRES DES SUBSTANTIFS.

La langue arabe comporte trois nombres :

Le *singulier* qui exprime l'unité d'un objet ou d'une espèce;

Le *duel* qui montre que le substantif est approprié à deux personnes ou à deux choses;

Le *pluriel* qui indique que l'objet est en nombre supérieur à deux.

Le *singulier* n'offre d'autre difficulté que celle de sa forme et de son genre ; nous venons d'en parler.

1° DU DUEL.

Le *duel* est très-peu usité dans l'arabe parlé; son application est restreinte, le plus souvent, aux noms qui désignent les parties doubles du corps et à quelques autres mots d'un emploi très-fréquent.

Le *duel* se forme par l'addition au singulier de la terminaison ين, que l'on prononce *eïn*, ce qui la distingue de la terminaison ين *des pluriels réguliers* que l'on prononce *în*.

يد *ied* (main) ; يدين *iedeïn* (deux mains).
رجل *radjel* (homme) ; رجلين *radjeleïn* (deux hommes).
عام *a''am* (an) ; عامين *a''ameïn* (deux ans).
شهر *chahar* (mois) ; شهرين *chahareïn* (deux mois).
يوم *ioum* (jour) ; يومين *ioumeïn* (deux jours).

Si le mot que l'on veut mettre au *duel* finit par un ة, on change ce ة en ت, et l'on ajoute la terminaison ين *eïn*.

ليلة *leila* (nuit) ; ليلتين *leileteïn* (deux nuits).
مرّة *marra* (une fois) ; مرّتين *marrteïn* (deux fois)

Si le mot au *duel est joint à l'un des pronoms affixes de la 2e ou de la 3e personne*, on supprime le ن final du *duel* On dira donc :

يديك *ïedik* (tes deux mains), pour يدينك *ïedeïnak.*
عينيه *a''inih* (ses deux yeux), — عينينه *a''ineïnho.*
يديكم *ïedikoum* (vos deux mains), — يدينكم *ïedeïnkoum.*
عينيهم *a''inihoum* (leurs deux mains), — عينينهم *a''ineïnhoum.*

Mais, comme nous l'avons dit, l'application du *duel* est d'un usage très restreint dans le langage parlé, et limité à une vingtaine de mots qui reviennent sans cesse dans la conversation.

Pour les substantifs qui ne se trouvent pas dans cette catégorie, on se sert, pour exprimer l'idée du *duel*, du mot زوج *zoudj* (deux), suivi du pluriel du nom.

Ex. : زوج بيوت *zoudj biout* (deux chambres).
زوج بغال *zoudj berhâl* (deux mulets).

2° DU PLURIEL.

Le pluriel des noms en arabe est *régulier* ou *irrégulier*.

1° PLURIEL RÉGULIER.

Le *pluriel régulier* se forme du singulier par l'addition de la terminaison ين *in*, pour le masculin, et ات *ât*, pour le féminin.

Ces pluriels sont, du reste, rares, et l'immense majorité des substantifs les ont *irréguliers*.

Le pluriel *régulier* n'est, en général, applicable :

Le pluriel *masculin* par ين qu'aux noms de métier de la forme فعّال.

Ex. : حمّال *hhammâl* (porteur), حمّالين *hhammâlin* (porteurs);
نجّار *neddjar* (menuisier), نجّارين *neddjârin* (menuisiers;

Le pluriel *féminin* par ات *at*,

1° Qu'aux substantifs terminés par la lettre ة, qui se rapportent à un objet du sexe féminin :

كلبة *kelba* (chienne) ; كلبات *kelbat* (chiennes) ;

2° Qu'à certains noms terminés également par ة, et qui indiquent des objets non pourvus de vie :

فرشة *farcha* (lit), فرشات *farchât* (lits) ;

3° Qu'aux diminutifs de noms, qu'ils soient masculins, ou féminins ;

جريرة *djarira* (petite jarre), plur. جريرات *djarirât*.
قبيبة *qbiba* (petit dôme), قبيبات *qbibât*.
بويب *bouïcb* (petite porte), بويبات *bouibât*.
دويرة *douira* (petite maison), دويرات *douirât*.

2° PLURIEL IRRÉGULIER.

Excepté pour les substantifs dont nous venons de parler, et encore ces règles ne sont-elles pas sans exception, les pluriels sont *irréguliers*.

Il faudra donc, dès le commencement, s'appliquer à retenir les formes principales de ces pluriels, et l'on verra bientôt que la difficulté qui provient en arabe de leur connaissance, n'est pas aussi grande qu'elle le paraît dès l'abord. Il y a en effet, pour la formation des pluriels, des points de repère que nous allons signaler, et au moyen desquels, lorsque l'on aura gravé dans sa mémoire le pluriel d'une centaine de mots, on trouvera instinctivement, pour ainsi dire, les pluriels inconnus.

Les tableaux ci-après faciliteront cette étude en indiquant les principales formes des pluriels *irréguliers*.

1° SUBSTANTIFS AYANT *trois lettres* AU SINGULIER.

1re forme. جبال	Les substantifs qui ont à leur singulier trois lettres *essentiellement consonnes*, forment en général leur pluriel par l'intercalation d'un ا entre la 2e et la 3e radicale (1).	جبل *djebel*	(montagne),	جبال
		كلب *kelb*	(chien),	كلاب
		رجل *radjel*	(homme),	رجال
		رزق *rezq*	(bien),	رزاق

(1) Souvent aussi par l'intercalation d'un و ; Ex. : قلب *qalb* (cœur) ; pl. قلوب *qloub* (cœurs) ; جنح *djnahh* (aile) ; pl. جنوح *djnouhh* (ailes) ; شقف *choqf* (navire), pl. شقوف *chqouf;* عقد *a''qd* (contrat) ; pl. عقود *eu''qoud*.

2e forme. باب

Les substantifs de trois lettres au singulier, dont la seconde est un ا, forment leur pluriel en remplaçant l'ا par un ي, et en ajoutant à la fin du mot la terminaison ان.

باب	*bâb*	(porte),	بيبان
ساق	*sâq*	(jambe),	سيقان
نار	*nâr*	(feu),	نيران
فار	*fâr*	(rat),	فيران

3e forme. ولد سور

Les subst. de trois lettres, dont la 1re ou la 2e est un و, et les autres des *consonnes pures*, forment leur pluriel par l'addition de deux ا, l'un au commencement, l'autre avant la dernière lettre.

ولد	*oueled*	(fils),	اولاد
وقت	*ouaqt*	(temps),	اوقات
سور	*sour*	(rempart),	اسوار
موج	*moudj*	(vague),	امواج

4e forme. شيخ

Les substantifs de trois lettres, dont la 2e est un ي, et les deux autres des *consonnes pures*, forment très-souvent leur pluriel par l'addition d'un و, après le ي.

شيخ	*cheikh*	(vieillard),	شيوخ
سيف	*sif*	(sabre),	سيوف
عين	*a''in*	(fontaine),	عيون
طير	*their*	(oiseau),	طيور

2° — SUBSTANTIFS AYANT *quatre lettres* AU SINGULIER.

1re forme. مسكن

Les substantifs ayant au singulier quatre lettres *essentiellement consonnes*, forment leur pluriel par l'addition d'un ا après la 2e lettre.

مسكن	*mesken*	(demeure),	مساكن
مذبح	*medbahh*	(abattoir),	مذابح
مركب	*merkeb*	(navire),	مراكب
مطرح	*mathrahh*	(endroit),	مطارح
خلخل	*khelkhel*	(anneaux),	خلاخل

2e forme. جانب

Les substantifs de quatre lettres, dont la 2e est ا, et les autres des *consonnes pures*, forment le plus souvent leur pluriel par l'intercalation d'un و avant l'ا.

جانب	*djâneb*	(côté),	جوانب
حاجب	*hhâdjeb*	(sourcil),	حواجب
جامع	*djâma''*	(mosquée),	جوامع
خاتم	*khâtem*	(anneau),	خواتم

Forme	Règle	Singulier	Transcription	Pluriel
3e forme. ورقة	Les substantifs de quatre lettres, qui s'appliquent à des noms de *plantes*, ou à une *espèce*, et qui se terminent par ة, forment leur pluriel en supprimant cette dernière lettre (1).	ورقة	*ouerqa* (feuille),	ورق
		حجرة	*hhadjra* (pierre),	حجر
		فولة	*foula* (fève),	فول
		نخلة	*nakhla* (palmier),	نخل

Forme	Règle	Singulier	Transcription	Pluriel
4e forme. كتاب	Les subst. de quatre lettres, dont l'avant-dernière est un ا, n'ont aucune règle de formation pour leur plur.; ce sont les plus irrég. de la langue arabe. On peut en juger par ces exemples.	كتاب	*kitâb* (livre),	كُتب
		جنان	*djenân* (jardin),	جناين
		جواب	*djouâb* (réponse),	جوابات
		لباس	*lebbâs* (vêtement),	لباسات

3o — SUBSTANTIFS AYANT *cinq lettres* AU SINGULIER.

Forme	Règle	Singulier	Transcription	Pluriel
1re forme. فاكهة	Les substantifs qui ont cinq lettres au singulier, et dont la seconde est un ا, forment leur pluriel par l'addition d'un و devant l'ا; mais si l'avant-dernière lettre est un و, ce و se change en ي, en vertu des règles de la permutation.	فاكهة	*fâkeha* (fruit),	فواكه
		ناموس	*nâmous* (moustique),	نواميس
		نافوس	*nâqous* (sonnette),	نوافيس
		حانوت	*hhânout* (boutique),	حوانيت
		فانون	*qânoun* (règle),	فوانين

Forme	Règle	Singulier	Transcription	Pluriel
2e forme. مكحلة	Les substantifs de cinq lettres, dont les deux premières sont *essentiellement consonnes*, et la dernière ة, forment leur pluriel par l'intercalation d'un ا après la deuxième lettre, et en supprimant le ة final.	مكحلة	*mkahhla* (fusil),	مكاحل
		مغرفة	*morharfa* (cuiller),	مغارف
		دفيفة	*daqiqa* (minute),	دفايف
		غنيمة	*rhanima* (butin),	غنايم

Nous sommes loin de prétendre avoir énuméré ici toutes les formes de pluriel; mais nous croyons avoir indiqué celles qui sont le plus fréquem-

(1) On pourrait dire aussi que le pluriel, dans ces substantifs, n'est autre que le nom collectif auquel on a ajouté au singulier un ة, pour désigner l'*unité*. Voir, ci-dessus, page 86.

ment employées. Nous n'avons eu d'autre intention que de jeter quelques jalons destinés, comme nous le disions tout à l'heure, à servir de points de repère aux commençants ; à ce titre, nous les engagerons vivement à se graver dans la mémoire les formes principales des pluriels arabes qui viennent d'être indiquées.

Il est quelques autres mots pour lesquels le nombre des lettres est indifférent et qui ont leurs pluriels uniformes. Nous allons les énumérer.

1° Le pluriel des substantifs *diminutifs* se forme par l'addition de la terminaison ات au singulier. Ceux qui finissent par ة, suppriment ce ة et se forment de même.

بويب	*bouïeb*	(petite porte),	بويبات
مطيرح	*mthirahh*	(petit endroit),	مطيرحات
زهيرة	*zaheïra*	(petite fleur),	زهيرات
كليبة	*koleïba*	(petite chienne),	كليبات

2° Les substantifs qui se terminent en جي, et désignent une profession, forment leur pluriel par l'addition d'un ة.

طوبجي	*thobdji*	(artilleur),	طوبجيه
مقفولجي	*maqfouldji*	(cordonnier),	مقفولجيه
سلاحجي	*slahhdji*	(armurier),	سلاحجيه

3° Les noms dérivés du turc forment leur pluriel par l'addition de la terminaison وات *ouât*, lorsque la dernière lettre est ا ; si, au contraire, cette dernière lettre est un ي, par l'addition de la terminaison ات *ât*.

باشا	*bacha*	(pacha),	باشاوات
اغا (1)	*arha*	(agha),	اغاوات
داي	*deï*	(dey),	دايات
باي (2)	*beï*	(bey),	بايات

Les Arabes d'Algérie donnent cette même terminaison de وات au pluriel du mot خليفه *khalifa*, dignité de l'un des principaux fonctionnaires indigènes.

(1) On écrit ordinairement en algérie اغه.
(2) On devrait écrire régulièrement بيك.

CHAPITRE II.

DE L'ADJECTIF.

Forme des adjectifs. — Genres des adjectifs. — Nombres des adjectifs. — Des degrés de comparaison dans les adjectifs ; du comparatif ; du superlatif absolu et du relatif.

L'adjectif est un mot qui se joint au substantif pour en exprimer la qualité, ou en déterminer le sens ; il sert par conséquent *à ajouter* au nom une qualité qui peut appartenir à des êtres de différentes natures.

Dans l'adjectif, comme dans le substantif, trois choses sont à considérer :

1° La *forme;*
2° Le *genre;*
3° Le *nombre;*

§ 1er. — FORME DES ADJECTIFS.

Les adjectifs ont, ainsi que les substantifs, des formes différentes ; mais ces formes ne présentent pas la même variabilité, la même difficulté, par conséquent, que dans les noms.

On peut réduire à *cinq* les formes des adjectifs ; nous ne comprenons pas toutefois dans ce nombre les *adjectifs verbaux* ou *participes présents,* ni les *participes passifs,* dont nous avons déjà parlé, en traitant des verbes.

Nous nous bornerons à rappeler ici leur forme.

كاتب *kâteb* (écrivant), participe présent de	}	كتب
مكتوب *maktoub* (écrit), participe passif de	}	
ضارب *dhareb* (frappant), participe présent de	}	ضرب
مضروب *madhroub* (frappé), participe passif de	}	

Les adjectifs verbaux et les participes passifs exceptés, les formes des adjectifs se réduisent à cinq.

Afin de mieux faire comprendre comment ces adjectifs dérivent de la racine, nous continuerons à indiquer par ces trois signes (***) les lettres radicales et à ne représenter que les seules lettres serviles dans la position qu'elles doivent occuper par rapport aux lettres radicales.

1re forme.	(* ي * *)	جميل *djemil*	(joli),	racine	جمل
2e forme.	(ان * * *)	فرحان *farhhân*	(joyeux),	—	فرح
3e forme.	(* * * ا)	اخضر *akhdhar*	(vert),	—	خضر
4e forme.	(ي * * *)	عقلي *a''qli*	(spirituel),	—	عقل
5e forme.	(* يّ * *)	جميّل *djemeïel*	(gentillet),	—	جمل

1re forme. Après celle des adjectifs verbaux, la forme d'adjectif la plus commune est celle qui s'obtient par l'addition d'un ي entre la 2e et la 3e radicale.

صغير *çerhir* (petit), de صغر
ضعيف *dha''if* (faible), de ضعف
عظيم *a''dhim* (excellent), de عظم

Cette forme d'adjectif indique une *qualité permanente*.

Dans les trois exemples que nous venons de donner, les adjectifs dérivent de verbes *réguliers*. Il convient d'examiner maintenant quels changements peut apporter la règle de mutation des lettres ا و ي dans ceux qui proviennent de verbes *irréguliers*.

1° Si le verbe duquel est formé l'adjectif est un verbe *concave* par و, comme طال *thal*, aoriste يطول, le و radical reparaît dans l'adjectif. Il ne faut pas oublier, en effet, que l'ا qui se trouve à la racine des verbes *concaves* n'est là que pour un و ou un ي. Ex. :

طويل *thouil* (long), de طال

2° Si le verbe duquel dérive l'adjectif est un verbe *concave* par ي, le ي radical se joint à celui de la forme, au moyen d'un ّ. Ex. :

طيّب *thaïeb* (bon), de طاب, aoriste يطيب

3° Si l'adjectif provient enfin d'un verbe *assimilé*, il se forme régulièrement.

وكيل *oukil* (mandataire), de وكل
وصيف *ouçif* (esclave), de وصف

2e FORME. Les adjectifs de la deuxième forme se distinguent par l'addition de la terminaison ان *ân*, à la racine du verbe.

فرحان *farhhân* (joyeux), de فرح
غضبان *rhadhbân* (colère), de غضب
سكران *sekrân* (ivre), de سكر

Nous ferons observer que, différente en cela de la première, cette forme ne s'applique qu'à des adjectifs qualifiant un *état momentané*.

3e FORME. Les adjectifs de la 3e forme sont d'un usage très-restreint, puisqu'ils sont, pour ainsi dire, exclusivement réservés aux adjectifs qui désignent une *couleur* ou une *difformité*. Ils correspondent à la 9e forme du verbe dérivé, avec cette différence qu'ils suppriment le ّ sur la dernière lettre.

اكحل *akhhal* (noir), racine كحل
اصفر *açfar* (jaune), — صفر
ازرق *azraq* (bleu), — زرق
احوَل *ahhoual* (louche), — حال
اطرش *athroch* (sourd), — طرش
اعمي *a''ma* (aveugle), — عمي

4e FORME. Les adjectifs qui s'obtiennent par l'addition de la finale ي, désignent, le plus souvent, une qualité *considérée par rapport à un pays;* par exemple, une qualité *d'origine*, de *nationalité*. Cette terminaison ي,

correspond donc à notre terminaison *ien*, dans les mots : *algérien*, *parisien*. Ex. :

جزايري *djezaïri* (algérien), de جزاير
وهراني *ouahrâni* (originaire d'Oran), de وهران
تلمساني *tlemsâni* (originaire de Tlemsen), de تلمسان

Si le nom de pays dont il s'agit de faire un adjectif se termine par un ة, on supprime ce ة. Par conséquent, de

قسنطينة *qosanthina* (Constantine), on fera قسنطيني *qosanthini*.
عنّابة *a''nnaba* (Bône), — عنّابي *a''nnabi*.
بليدة *blidah* (Blida), — بليدي *blidi*.

Les adjectifs de la 4ᵉ forme servent aussi à *déterminer des qualités immatérielles*.

سماوي *smaoui* (céleste), de سمآ *semâ* (ciel).
عقلي *a''qlî* (intellectuel), de عقل *a''qol* (esprit).

Le proverbe suivant, dans lequel la forme des adjectifs se terminant en ي se trouve également appliquée à des qualités d'origine et à des qualités immatérielles, indiquera mieux encore le sens général de cet adjectif. Voici ce proverbe :

حرامي	مصري	شومي	شامي	چلبي (1)	حلبي
hharâmi	*maçri*	*choumi*	*châmi*	*tchalabi*	*hhalabi*
voleur	égyptien	rusé	damasquin	petit-maître	alepin

C'est-à-dire : L'Alepin est petit-maître, le Damasquin rusé, l'Egyptien voleur.

5ᵉ FORME. Nous avons vu, en parlant des substantifs, que l'on pouvait donner à certains noms une forme diminutive par l'addition d'un ي après la deuxième radicale. Cette forme diminutive peut également être adaptée

(1) Mot persan usité seulement en Orient.

aux adjectifs (mais seulement à ceux de la forme جميل *djemil*), en redoublant le ي au moyen d'un ّ .

جميل *djemil* (gentil) fera donc جميّل *djemeïel* (gentillet).

صغير *çerhir* (petit) — صغيّر *çerheïer* (tout petit).

Nous ajouterons qu'il y a une dizaine d'adjectifs dont le diminutif se forme, en Algérie, d'une manière tout à fait irrégulière. Tels sont, par exemple :

قادر *qâder* (puissant), qui fait قويدر (1) *qouider*.

أسود *asouad* (noir), qui fait سويود *souioud*.

§ 2. — GENRE DES ADJECTIFS.

Pour les adjectifs, comme pour les noms, il n'y a en arabe que deux genres : le *masculin* et le *féminin*.

Le *féminin* de tous les adjectifs verbaux et autres, sauf toutefois ceux que nous avons compris dans la 3e forme, et qui qualifient les couleurs ou les difformités, forment leur féminin par l'addition d'un ة.

	Masculin.		Féminin.
1re forme.	كبير *kbir*	(grand),	كبيرة *kbira.*
	عظيم *adhîm*	(supérieur),	عظيمة *a''dhima.*
2e forme.	فرحان *farhhân*	(joyeux),	فرحانة *farhhâna.*
	غضبان *rhadhbân*	(colère),	غضبانة *rhadhbâna*
4e forme.	جزايري *djezairi*	(Algérien),	جزايرية *djezairia.*
	تلمساني *tlemsâni*	(de Tlemsen),	تلمسانية *tlemsânia*
5e forme.	جميّل *djemeïel*	(gentillet),	جميّلة *djemeïela.*
	صغيّر *çerheïer*	(tout petit),	صغيّرة *çerheïera.*

(1) Employé seulement comme nom propre.

Les adjectifs de la 3e forme font, comme nous venons de le dire, exception à cette règle.

Le féminin de ces adjectifs s'obtient par la translation de l'ا initial à la fin du mot.

Masculin.			Féminin.		
ابيض	*abiodh*	(blanc),	بيضا	*bidha*	(blanche).
اسود	*asouad*	(noir),	سودا	*souda*	(noire).
اخضر	*akhdhar*	(vert),	خضرا	*khodhra*	(verte).
احمر	*ahhmar*	(rouge),	حمرا	*hhomra*	(rouge).

§ 3. — DU NOMBRE DANS LES ADJECTIFS.

Dans l'usage oral, les adjectifs n'admettent que deux nombres : le *singulier* et le *pluriel*. Quant au *duel*, il est complètement inusité ; on ne le trouve employé que dans le style épistolaire et dans les actes des kadis (1).

Nous n'avons donc à parler ici avec quelque développement que du *pluriel*.

---

(1) Nous avons vu plus haut, en parlant du substantif, que le duel se formait, d'après les règles de l'arabe grammatical, par l'addition au singulier de la terminaison ان pour le nominatif, et ين pour les autres cas ; que cette dernière terminaison était généralement adoptée dans l'usage sans distinction de cas.

Nous avons ajouté que lorsque le mot qu'il s'agit de mettre au duel est terminé par un ة, ce ة se change en ت ; qu'enfin, lorsqu'à un nom au duel s'adjoint un pronom affixe, le ن final du duel disparaît.

Ces règles sont applicables aux adjectifs.

Bien que, dans l'usage oral, le duel soit inusité, cependant, comme dans le style épistolaire, dans les manuscrits et dans les actes des kadis, on peut être exposé à le rencontrer, il est nécessaire d'en connaître la forme et les règles. Les exemples suivants montreront l'un et l'autre.

En ouvrant un acte de kadi, nous trouvons d'abord l'exemple ci-après :

شهيديه	بمحضر	حضر
chehidi-h	*bi-mohhdhar*	*hhadhar*
de ses deux témoins	en présence	a comparu

Dans cet exemple, le mot شهيديه est pour شهيدينه. Le ن a été supprimé

Pluriel des adjectifs.

Pour les adjectifs, comme pour les noms, les pluriels sont *réguliers* ou *irréguliers*.

Pour les adjectifs, comme pour les noms, les pluriels réguliers se forment par l'addition de la terminaison ين *în*, pour le masculin, et ات *ât*, pour le féminin. Ajoutons toutefois que *dans l'usage oral, on emploie la terminaison* ين *pour les deux genres.*

Les pluriels *réguliers* s'appliquent à un très-grand nombre d'adjectifs, et entre autres à tous les adjectifs verbaux.

كاتب *kâteb*	(écrivant),	كاتبين *kâteb-în.*	
مكتوب *maktoub*	(écrit),	مكتوبين *maktoub-în.*	
ناصر *nâçer*	(défenseur),	ناصرين *nâçer-în.*	
منصور *mançour*	(vainqueur),	منصورين *mançour-în.*	

Quant aux adjectifs des cinq principales formes dont nous avons parlé ci-dessus, tantôt leur pluriel est *régulier*, tantôt il est *irrégulier*

1re forme. كبير	Le pluriel des adjectifs de la forme كبير s'obtient, le plus souvent, en changeant le ي en ا.	كبير *kbir*	(grand),	كبار
		صغير *çerhir*	(petit),	صغار
		قصير *qçir*	(court),	قصار
2e forme. فرحان	Les adjectifs de la forme فرحان ont leur pluriel formé régulièrement.	فرحان *farhhân*	(joyeux),	فرحانين
		عريان *a''riân*	(nu),	عريانين
		غضبان *rhadhbân*	(colère),	غضبانين

---

parce qu'il est suivi du pronom affixe ه ; شهيديه est au génitif, parce qu'il est régime.

Autre exemple :

فلانة	الولية	لدي	شهيداه	حضر
flana	*al-oulia*	*li-deï*	*chchida-hou*	*hhadhar*
une telle	la dame	devant	ses deux témoins	a comparu.

Dans ce second exemple شهيداه est pour شهيدانه ; le ن a été supprimé à cause de l'affixe ; mais le duel est au nominatif, parce qu'il est sujet.

3e forme. احمر	Les adjectifs de la forme احمر retranchent au pluriel l'ا initial.	احمر	*ahhmar*	(rouge),	حمر
		اخضر	*akhdhar*	(vert),	خضر
		ابيض	*abiod*	(blanc),	بيض
4e forme. عقلي	Les adjectifs relatifs qui se terminent en ي, forment leur pluriel par l'addition d'un ة.	عقلي	*d''qli*	(intellectuel),	عقلية
		جزايري	*djezaïri*	(algérien),	جزايرية
		بلدي	*beldi*	(citadin),	بلدية
5e forme. جميّل	Les adjectifs diminutifs forment leur pluriel régulièrement. Ces pluriels sont peu usités.	صغيّر	*çerheïer*	(tout petit),	صغيّرين
		جميّل	*djoumeïel*	(gentillet),	جوميّلين
		كويّس	*kouïeis*	(même sens),	كويّسين

Il faut observer qu'en Arabe, comme du reste en français, un grand nombre d'adjectifs, et surtout d'adjectifs verbaux, sont employés comme substantifs. C'est ainsi que nous disons : un *pauvre*, en sous-entendant le mot *homme*, et que nous formons de cette manière un nouveau substantif.

Lorsqu'en arabe un adjectif verbal est employé comme substantif, son pluriel n'est pas le même dans les deux cas. *Régulier* comme adjectif, il devient *irrégulier* lorsqu'il est pris substantivement. Ex. :

كاتب	écrivant	(adj.),	كاتبين	*katebîn*	(plur. rég.).
	écrivain	(subst.),	كتّاب	*kettâb*	(plur. irrég.).
عالم	sachant	(adj.),	عالمين	*a''âlemîn*	(plur. rég.).
	savant	(subst.),	علما	*eu''lama*	(plur. irrég.)
طالب	cherchant	(adj.),	طالبين	*thalebîn*	(plur. rég.)
	docteur	(subst.),	طلبا	*tholba*	(plur. irrég.)

DES DEGRÉS DE COMPARAISON

DANS LES ADJECTIFS.

Les adjectifs sont destinés à exprimer des qualités qui sont susceptibles de plus ou de moins.

Ces qualités peuvent être considérées simplement, sans avoir égard à leur intensité ; l'adjectif est alors au *positif;*

Ou en comparant le degré d'intensité qu'elles ont dans un sujet, avec celui qu'elles ont dans un autre, l'adjectif est au *comparatif;*

Ou comme atteignant un très-haut degré d'intensité, mais sans comparaison ; l'adjectif est au *superlatif.*

Nous avons vu l'adjectif au *positif* dans les différents exemples que nous avons donnés ; nous passons donc immédiatement au *comparatif.*

1° DU COMPARATIF.

La forme des *comparatifs* est la même que celle des adjectifs de la 3e forme, c'est-à-dire de ceux qui servent à désigner les couleurs.

Les comparatifs s'obtiennent donc en ajoutant un ا devant la racine du verbe.

اكبر *akbar* (plus grand), rac. كبر

اصغر *açrhar* (plus petit), rac. صغر

Il est, du reste, à remarquer que les seuls adjectifs susceptibles de prendre la forme comparative, sont ceux de la forme كبير, et certains adjectifs verbaux.

Le *que* qui suit le comparatif se rend en arabe par la préposition من *min.*

هذا	الرجل	اكبر	مني	
had	*er-radjel*	*akbar*	*minn-i*	Cet homme est plus grand que moi.

هدي	المرة	اكبر	منك	
had	*el-mra*	*akbar*	*minn-ak*	Cette femme est plus grande que toi.

Comme on le voit par le précédent exemple, *le comparatif est invariable*, quel que soit le *genre* auquel il se rapporte ; nous ajouterons, et quel que soit le *nombre*.

Le comparatif peut avoir, dans certains cas, le sens du superlatif. C'est ainsi que les exclamations suivantes : الله اكبر *allah akbar* (Dieu plus grand), الله اعلم *allah aa"lem* (Dieu plus savant), signifient réellement : Dieu est le plus grand, Dieu est le plus savant.

Nous avons dit, tout à l'heure, que le comparatif des adjectifs de la forme كبير, les seuls à peu près qui soient susceptibles de prendre la forme comparative, se formaient par l'antéposition d'un ا devant la racine. Ex. :

كبر *kabar* (verbe), كبير *kbir* (positif), اكبر *akbar* (comparatif).

Cette règle s'applique aux adjectifs, qu'ils dérivent de verbes *réguliers*, ou de verbes *irréguliers*.

Ainsi : حبيب *hhabib* (chéri), dérivant du verbe sourd حبّ *hheubb* (aimer), forme son comparatif comme il suit : احبّ *ahheub* (plus chéri).

Ainsi : طويل *thouil* (long), dérivant du verbe طال *thal*, concave par و, a pour comparatif اطول *athoual* (plus long).

Ainsi, enfin : غالي *rhâli* (cher de prix), dérivant du verbe défectueux غلي *rhela* (être cher), a pour comparatif : اغلي *arhla* (plus cher).

Outre cette première manière de rendre le comparatif, on peut encore l'exprimer par le positif, suivi de la préposition علي *a"la* (sur) ou اكثر من *aktar min* (plus que)

Ces deux dernières manières de rendre le comparatif sont communes, *à tous les adjectifs, quelle que soit leur forme.* On dira donc indistinctement pour rendre cette phrase : *Kaddour est plus grand que Mohamed* :

قدّور اكبر من محمّد *qaddour akbar min mohhammed.*

قدّور كبير علي محمّد *qaddour kbir a''la mohhammed.*

قدّور كبير اكثر من محمّد *qaddour kbir aktar min mohhammed.*

Les trois comparatifs *meilleur*, *pis*, *moins*, se traduisent :

Meilleur, par احسن *ahhsan*, خير *kheïr.*

Pis, par اقبح *aqbahh.*

Moins, par { اقل *aqal* (s'il se rapporte à une *quantité.* / اصغر *açrhar* (s'il se rapporte à une *étendue.* }

Enfin, si *moins* se rapporte à un adjectif qualificatif, comme *moins savant*, on peut traduire la phrase de deux manières :

1° En lui donnant le sens *positif*, au moyen d'une inversion. Ainsi, au lieu de dire : *Moustafa est moins savant qu'Ahmed*, on traduirait : *Ahmed est plus savant que Moustafa.*

احمد راه اعلم من مصطفي *ahhmed ra-hou aa''lem min moçthafa.*

2° En conservant à la phrase la tournure *négative* et en construisant au moyen du positif, précédé de la négation ما *ma* (pas), et suivi de la conjonction كيف *kif* (comme), exprimant la comparaison. C'est comme si l'on disait en français : *Moustafa n'est pas savant comme Ahmed.*

مصطفي ما راه شي عالم كيف احمد *moçthafa ma ra-hou chi a''alem kif ahhmed.*

2° DU SUPERLATIF.

Le superlatif peut être *absolu* ou *relatif.*

Il est *absolu*, lorsqu'il indique que la qualité exprimée par l'adjectif est poussée à un très-haut degré, mais sans comparaison. Ex. : *Ce tabac est très-bon.*

Il est *relatif*, lorsque dans la qualité exprimée par l'adjectif, et poussée à un très-haut degré, il y a comparaison. Ex. : *Ce tabac est le plus fort que j'aie chez moi.*

SUPERLATIF ABSOLU. Le superlatif *absolu* se rend par le *positif* suivi de l'un des mots بالزاف *biz-zaf*, كثير *ktir*, بالغاية *bil-rhaïa*, ياسر *ïdser*, qui tous signifient *beaucoup*. Cette forme de superlatif est donc analogue à celle de notre langue : *très-beau, très-grand*, avec cette différence que la particule *très*, au lieu d'être placée avant l'adjectif, est placée, en arabe, à la suite.

Ce tabac est très-bon : هذا الدخان مليح بالزاف *had ed-dokhân melihh biz-zaf*, — ce le tabac bon beaucoup.

La langue arabe est très-difficile : لسان العربي صعيب بالغاية *lissân el-a"rbi ça"ib b-il-rhaïa*, — langue la arabe difficile beaucoup.

SUPERLATIF RELATIF. Le superlatif *relatif* peut se traduire de deux manières, dont la première est la plus usitée dans le langage ; la seconde, au contraire, est plus particulièrement réservée au style écrit.

1° Tous les adjectifs, *à quelque forme qu'ils appartiennent*, peuvent faire leur superlatif *en plaçant l'article* ال *devant le positif*. Ex. : المليح *al-mlihh*, الكبير *al-kbir*, c'est-à-dire *le bon, le grand* par excellence. Ex. :

Ce tabac est le plus fort qui soit chez moi : هذا الدخان راه القاطع اللي يوجد عندي *had ed-dokhân ra-hou al-qatha" elli ioudjed a"nd-i*, — ce le tabac est le fort qui se trouve chez moi.

2° *Les adjectifs de la forme* كبير *kbir*, qui, comme nous l'avons dit plus haut, sont à peu près les seuls susceptibles de former leur comparatif par l'addition d'un ا devant la racine, font leur superlatif en ajoutant l'article ال, devant le comparatif. Ex. :

Racine : كبر ; adj. positif, كبير ; comp. اكبر ; superl. الاكبر.

Cet homme est le plus savant : هذا الرجل راه الاعلم *had er-radjel ra-hou al-aa"lem*, — ce le homme est le plus savant.

Il est à observer, que cette dernière manière de former le superlatif *relatif* est identiquement la même que dans notre langue. Nous disons, en effet, au comparatif, *plus savant*, et au superlatif *le plus savant*, c'est-à-dire que nous plaçons seulement, comme en arabe, l'article devant le comparatif.

APPENDICE

AUX DEUX PREMIERS CHAPITRES DU LIVRE DEUXIÈME.

Des noms de nombre. — Numération ; numératifs cardinaux (unités, dizaines, centaines, etc.). — Numératifs ordinaux. — Des fractions. — Des cas dans l'arabe grammatical et l'arabe parlé.

Avant de terminer les deux premiers chapitres du Livre II, où nous avons traité du *nom*, il nous reste à parler de deux points qui se rapportent à l'ensemble de ces chapitres, c'est-à-dire, aux *substantifs* et aux *adjectifs*.

Ces deux points sont les *noms de nombre* et la *déclinaison*.

Le motif qui nous porte à placer dans un appendice ce qu'il nous reste à dire sur les noms de nombre et sur la déclinaison, c'est que les noms de nombres *ordinaux* peuvent être considérés comme des substantifs, tandis que les noms de nombres *cardinaux* sont, au contraire, de véritables *adjectifs*.

Quant à la déclinaison, elle concerne les *substantifs* et les *adjectifs*.

SECTION PREMIÈRE.

DES NOMS DE NOMBRE.

Les noms de nombre servent à désigner une *quantité* ou un *rang* ; dans le premier cas, ils sont appelés *cardinaux ;* dans le second, *ordinaux*.

Nous parlerons séparément des uns et des autres après avoir dit un mot de la *numération*. Nous terminerons en ajoutant quelques observations sur les *fractions*.

§ 1er. — DE LA NUMÉRATION.

Nous avons emprunté aux Arabes, qui eux-mêmes l'avaient puisé chez les Indiens, le système de notre numération, basé sur ce principe que tout chiffre placé à la gauche d'un autre chiffre est dix fois plus fort que ce dernier.

Les chiffres arabes sont :

١	٢	٣	٤	٥	٦	٧	٨	٩	٠
1	2	3	4	5	6	7	8	9	0

Considérons un instant la forme même de ces chiffres.

Le chiffre 1 est identique avec le nôtre.

En renversant le ٢ arabe de cette manière (ـــ), on voit qu'il présente une analogie avec notre 2 français.

En renversant également le ٣ (ـــ) et en supprimant la queue de ce dernier chiffre, le même caractère d'analogie apparaît avec notre 3.

En renversant le ٧ comme il suit (>), on remarquera encore une certaine similitude avec notre 7.

Quant au ٩ arabe, il est, pour ainsi dire, le même que le nôtre.

On voit, par ces observations, que nous ne nous sommes pas bornés seulement à emprunter aux Arabes leur système de numération, mais que nous avons même adopté la plupart de leurs chiffres.

Les deux systèmes de numération, celui des Arabes comme le nôtre, reposent, ainsi que nous l'avons dit, sur le même principe. Par conséquent pas de difficulté.

19	s'écrira	١٩
46	—	٤٦
107	—	١٠٧
1850	—	١٨٥٠
29,735	—	٢٩٧٣٥

Il est donc inutile de nous étendre davantage sur la numération arabe ; nous passons de suite aux règles relatives aux nombres eux-mêmes.

§ 2. — NUMÉRATIFS CARDINAUX.

I° UNITÉS. Le tableau suivant indique les noms des neuf premières unités.

١	1	واحد	*ouahhad,*	un.
٢	2	زوج / اثنين	*zoudj,* / *etnin,*	deux.
٣	3	ثلاثة	*tlata,*	trois.
٤	4	اربعة	*arba''a,*	quatre.
٥	5	خمسة	*khamsa,*	cinq.
٦	6	ستة	*setta,*	six.
٧	7	سبعة	*sba''a,*	sept.
٨	8	ثمانية	*tmânia,*	huit.
٩	9	تسعة	*tsa''a,*	neuf.

Ces noms s'emploient indistinctement dans l'usage, pour le *masculin* et pour le *féminin*, excepté (1) :

واحد qui fait au féminin واحدة.

A partir de 3, les noms de nombres arabes se terminent par un ة. Cette remarque nous conduit à une observation; c'est que toutes les fois qu'un nom d'unité, terminé par ة, est placé *avant* le substantif, dont il a pour but d'exprimer la quantité, comme *sept hommes,* on doit supprimer dans la prononciation la lettre ة. On écrira donc : سبعة رجال et l'on prononcera *seba'' ridjal* (sept hommes); ثلاثة اطفال et l'on dira *tlat ethfâl*, et plus ordinairement : *telt ethfâl* (trois enfants).

Toutes les fois, au contraire, que le nom de nombre est placé *après* le substantif dont il exprime la quantité, ou que ce substantif est sous-entendu, on doit faire sentir le son du ة.

(1) C'est absolument comme en français où, dans les nombres cardinaux, il n'y a aucune distinction de genres, excepté pour *un* qui fait *une* au féminin.

Combien y avait-il d'hommes chez lui ? cinq : فداش كانوا عنده رجال خمسة *qaddach kânou a''nd-ho ridjal khamsa,* — combien étaient chez lui hommes ? cinq.

Remarques. 1° Une règle assez inexplicable de la langue arabe veut que l'on ne mette au pluriel le nom de la chose nombrée, que lorsque le nombre ne *dépasse pas dix.* Au-dessus de dix, on met le substantif au singulier.

On dira par conséquent : ستة رجال *sit ridjal* (six hommes), au pluriel; et عشرين رجل *a''chrin radjel* (vingt hommes), au singulier (1).

2° Les mots زوج *zoudj* et اثنين *etnîn,* quoique signifiant également *deux,* ne s'emploient pas indistinctement.

On se sert de زوج, dont le sens propre est *un couple,* toutes les fois qu'il n'est pas joint à des *dizaines* ou à des *centaines,* etc. Ex. :

زوج كلاب *zoudj klab* (deux chiens).
زوج نسا *zoudj nissa* (deux femmes).

Dans le cas contraire, on emploie le mot اثنين *etnîn.* Ex.:

Dans quarante-deux jours : بعد اثنين و اربعين يوم *ba''d etnîn oua arba''in ioum,* — après deux et quarante jours.

2° Dizaines. Dix se traduit en arabe par عشرة *a''chra.*

Quant aux autres dizaines, depuis *vingt* jusqu'à *quatre-vingt-dix* inclusivement, elles se forment par l'addition de la terminaison ين *în* au nom des unités dont on a soin de retrancher toutefois le ة final.

Trente :	ثلاثين *tlatîn,*	de	ثلاثة
Quarante :	اربعين *arba''în,*	de	اربعة
Cinquante :	خمسين *khamsîn* ,	de	خمسة
Soixante :	ستين *settin,*	de	ستة

(1) Voir cependant page 117 ci-après.

Soixante-dix :	سبعين *sba''in*,	de	سبعة
Quatre-vingt :	ثمانين *tmánín*,	de	ثمانية
Quatre-vingt-dix :	تسعين *tsa''in*,	de	تسعة

Les *unités* qui peuvent se trouver jointes aux *dizaines*, depuis *vingt* jusqu'à *cent* se rendent, comme en français, en ajoutant *au nom de la dizaine celui de l'unité*, mais avec cette différence que l'unité, au lieu d'être exprimée après la dizaine, s'exprime avant elle en arabe. On ne dira donc pas *vingt-un*, mais *un et vingt*. Ex. :

Vingt-un :	واحد و عشرين	*ouahhad ou a''chrín.*
Trente-deux :	اثنين و ثلاثين	*etnín ou tlátin.*
Quarante-trois :	ثلاثة و اربعين	*tlata ou arba''ín.*
Cinquante-quatre :	اربعة و خمسين	*arba''a ou khamsín.*
Soixante-cinq :	خمسة و ستين	*khamsa ou settín.*

Les règles qui s'appliquent aux nombres *depuis dix, jusqu'à vingt* ne présentent pas la même régularité. Ces nombres étant, après les unités, ceux qui sont le plus communément employés, ont subi, précisément pour ce motif, une altération plus grande dans l'usage. Les Arabes, ne voulant pas s'assujettir à reconnaître la distinction consacrée par l'arabe régulier, entre le masculin et le féminin, ont fait pour chacun des nombres depuis 10 jusqu'à 20, un nom particulier qu'ils adaptent aux deux genres et qui est le résultat d'une contraction, comme il est facile de le voir.

Le tableau suivant présente en regard les noms adoptés par l'usage pour ces nombres, et ceux qui sont consacrés par la grammaire.

	Langue parlée.	**Langue régulière.**	
		Masculin.	Féminin.
11	احداش *ahhdách.*	احد عشر	احدي عشرة
12	اثناش *etnách.*	اثنا عشر	اثنتا عشرة
13	ثلّثاش *tlettách.*	ثلاثة عشر	ثلاث عشرة

	Langue parlée.		Langue régulière.	
			Masculin.	Féminin.
14	اربعتاش	*arba"tâch.*	اربعة عشر	اربع عشرة
15	خمستاش	*khamsetâch.*	خمسة عشر	خمس عشرة
16	ستّاش	*sittâch.*	ستّة عشر	ستّ عشرة
17	سبعتاش	*sba"tâch*	سبعة عشر	سبع عشرة
18	ثمنتاش	*tmentâch.*	ثمانية عشر	ثمان عشرة
19	تسعتاش	*tsa"tâch.*	تسعة عشر	تسع عشرة

On a dû remarquer que les mots placés dans la première colonne, ne sont réellement qu'une contraction de ceux placés dans les deux dernières. Cette contraction, d'abord limitée à la prononciation, s'est ensuite étendue à l'écriture au moins pour les hommes illettrés, et c'est ainsi que l'exception, se traduisant en caractères arabes, a formé les mots barbares que nous venons de reproduire.

3° Centaines. *Cent* se rend en arabe par مية ou مائة *mïa*, qui reste invariable. *Deux cents* se traduit par ميتين *mitein*, duel de مية.

300	ثلاث مية	ou	ثلث مية	*telt mïa.*
400	اربع مية	ou	اربعماية	*arba" mïa.*
500	خمس مية	ou	خمسماية	*khams mïa.*
600	ستّ مية	ou	ستّماية	*sett mïa.*

et ainsi de suite.

Lorsque l'on a à exprimer un nombre composé de *centaines* et d'*unités*, on prononce d'abord les *centaines*, puis les *unités*. Ex.:

Cent trois francs : مية و ثلاثة فرنك *mïa ou tlata frank.*

Lorsque l'on a à exprimer un nombre composé de *centaines*, de *dizaines* et d'*unités*, on prononce d'abord les *centaines*, puis les *unités*, enfin les *dizaines*.

Cent vingt-cinq chevaux : مية و خمسة و عشرين عود *mïa ou khamsa ou a''chrin a''oud.*

4° MILLE. *Mille* se rend par الف *elf; deux mille*, par الفين *elfeïn*, duel de الف. Le pluriel de الف est الاف *elaf.*

A l'égard de الف, on rentre dans la règle qui exige que depuis *deux* jusqu'à *dix* inclusivement, le mot qui exprime la chose nombrée soit mis au pluriel. On mettra donc الف *elf*, au pluriel, lorsqu'il sera précédé de l'une des dix premières unités.

On dira par conséquent :

3,000	ثلث الاف	*telt elaf,*	الاف *eláf* est le pluriel.
4,000	اربع الاف	*arba'' elaf,*	
5,000	خمس الاف	*khams elaf,*	
20,000	عشرين الف	*a''chrin elf,*	الف *elf* est le singulier.
60,000	خمسين الف	*khamsîn elf.*	
80,000	ثمانين الف	*tmânîn elf.*	

Lorsqu'aux *mille* sont jointes seulement des *unités*, comme dans le nombre 1006, on exprime d'abord les *mille*, puis les *unités*.

1006 الف و ستة *elf ou sitta,*
1009 الف و تسعة *elf ou tsa''a.*

Lorsqu'aux *mille* sont jointes des *dizaines* et des *unités*, on exprime d'abord les *mille*, puis les *unités*, puis les *dizaines*.

1054. الف و اربعة و خمسين *elf ou arba'' ou khamsîn.*
1095. الف و خمسة و تسعين *elf ou khamsa ou tsa''în.*

Lorsqu'enfin on a à exprimer un nombre composé de *mille*, de *centaines*, de *dizaines* et d'*unités*, on prononce d'abord les *mille*, puis les *centaines*, les *unités* et les *dizaines*.

1846. الف و ثمان ميّة ستة و اربعين *elf ou tman mïa sitta ou arba''in.*
1847. الف و ثمان مية سبعة و اربعين *elf ou tman mïa sba''a ou arba''in*(1).

Cent mille se rend	par	مية الف	*mit elf*;
Deux cent mille	par	ميتين الف	*miteïn elf*;
Trois cent mille	par	ثلث مية الف	*telt mit elf*;
Cinq cent mille	par	خمس مية الف	*khams mit elf*;
Million se traduit	par	مليون	*melioun*, pluriel ملاين *mlaïn*;
Deux millions	par	زوج ملاين	*zoudj mlaïn*;
Quatre millions	par	اربع ملاين	*arba'' mlaïn*;

Les numératifs *cardinaux* servent à indiquer les *quantièmes des mois*; dans ce cas, l'article français ne se rend pas en arabe.

(1) En lisant un livre, on ne devra pas suivre cette méthode, du moins pour exprimer les chiffres indiquant des dates d'années. Il faut, dans ce cas, prononcer la valeur des chiffres dans l'ordre où on les rencontre. Or, comme ils sont écrits de gauche à droite, et qu'on lit de droite à gauche, le premier chiffre qui frappe la vue est celui des *unités*, puis celui des *dizaines*, puis celui des *centaines*, etc. On prononcera en conséquence :

1837 ١٨٣٧ } سنة سبعة و ثلاثين و ثمان مية و الف *sena seba''a ou tlatin ou tman mia ou elf.* — L'an sept et trente et huit cent et mille.

Les kadis qui, au pied des actes, écrivent les dates en toutes lettres, ne manquent pas à cette règle.

بتاريخ اواخر شوال المبارك عام تسعة عشر و مايتين و الف

elf	ou	mitein	ou	a''cher	tsa''t	a''am	al-mbarek	chouâl	aouâkher	bi-tarikh
mille	et	deux cents	et	dix	neuf	an	le béni	de chouâl	des derniers	à la date,

C'est-à-dire : à la date des derniers jours du mois de chouâl le béni de l'an 1219.

Les kadis se servent aussi pour les dates des nombres ordinaux.

Je suis arrivé à Alger le 9 de moharram : وصلت الي جزاير في تسعة محرّم *ouçelt ila djezaïr fi tsa"a moharram,* — je suis arrivé à Alger dans 9 moharram.

Nous sommes aujourd'hui le 29 du mois : اليوم تسعة و عشرين في الشهر *el-ioum tsa"a ou a"chrin fi-ch-chahar,* — aujourd'hui neuf et vingt dans le mois.

On emploie encore les numératifs pour désigner plusieurs des *jours de la semaine.* On dira donc le jour *un*, le jour *deux*, le jour *trois*, pour exprimer le *dimanche*, le *lundi*, le *mardi*, etc.

Le vendredi est appelé le *jour de la réunion* يوم الجمعة *ioum ed-djema".*

Voici, au surplus, les noms de chacun des jours de la semaine :

يوم الاحد	*ioum el-hhad*	(dimanche).
يوم الاثنين	*ioum el-etnin*	(lundi).
يوم الثلاثة	*ioum et-tlata*	(mardi).
يوم الاربع	*ioum el-arba"*	(mercredi).
يوم الخميس	*ioum el-khamis*	(jeudi).
يوم الجمعة	*ioum ed-djema"*	(vendredi).
يوم السبت,	*ioum es-sebt*	(samedi).

Lorsqu'en arabe un nom de nombre *cardinal* est précédé par l'article, on place l'article avant le numératif, comme dans notre langue :

Les cinq hommes :	الخمسة رجال *al-khamṣ ridjal.*
Les quatre jours :	الاربعة ايام *al-arba" iâm.*

Les douze chevaux que vous avez achetés : الاثناش عود الّي اشتريتهم *al-etnâch a"oud elli ichterit-hom,* — les douze chevaux que tu as acheté eux.

Quand, dans un nombre où il entre des unités, *il n'y a pas de dizaines* par exemple, 1706 et 504, le substantif de la chose nombrée se met au pluriel.

Dix-sept cent six moutons: { الف و سبع مية و ستة كباش
kebach sitta ou mia seba" ou elf

Cinq cent quatre chèvres: { خمس مية و اربعة ماعز
maa"z arba" ou mïa khams

Si, au contraire, il y avait des dixaines exprimées, le substantif devrait être mis au singulier.

Cent vingt-deux moutons: { مية و اثنين و عشرين كبش
kebch a"chrin ou etnin ou mïa

La raison de cette règle qui paraît contraire à celle qui, passé dix, exige le singulier après le numératif, provient de ce que dans les phrases : *dix-sept cent six moutons ; cinq cent quatre chèvres,* on sous-entend les mots *moutons* et *chèvres* après les numératifs *dix-sept cent* et *cinq cent.*

C'est comme si l'on disait : *dix-sept cents moutons et six moutons; cinq cents chèvres et quatre chèvres.*

On conçoit alors que le substantif ne subissant l'influence que du chiffre des *dizaines*, ou de celui des *unités*, soit au singulier ou au pluriel, suivant que les derniers chiffres expriment, ou non, une quantité au-dessus de dix.

§ 3. — NUMÉRATIFS ORDINAUX.

Les numératifs ordinaux servent à désigner le rang. Depuis 2 jusqu'à 10, ils ont la même forme que les participes actifs, c'est-à-dire qu'ils s'obtiennent en ajoutant un ا après la même radicale.

Ce sont donc de véritables adjectifs qui prennent le masculin ou le féminin, suivant les genres auxquels ils se rapportent.

Voici les noms des dix premiers numératifs ordinaux :

	Masculin.		Féminin.	
Premier:	أوّل	*aouel,*	أولي	*aoula,*
	أولاني	*aoulâni,*	أولانية	*aoulânia.*
Second :	ثاني	*tâni,*	ثانية	*tania.*

	Masculin.		Féminin.	
Troisième :	ثالث	*tâlit,*	ثالثة	*talita.*
Quatrième :	رابع	*râbi'',*	رابعة	*rabi''a.*
Cinquième :	خامس	*khâmis,*	خامسة	*khamisa.*
Sixième :	سادس	*sâdis,*	سادسة	*sâdisa.*
Septième :	سابع	*sâbi'',*	سابعة	*sâbi''a.*
Huitième :	ثامن	*tâmin,*	ثامنة	*tâmina.*
Neuvième :	تاسع	*tâsi'',*	تاسعة	*tâsi''a.*
Dixième :	عاشر	*a''acher,*	عاشرة	*aâchera.*

Depuis 10 jusqu'à 19, les nombres ordinaux français se rendent en arabe par le numératif *ordinal* de l'unité, précédé de l'article ال, et suivi par le numératif *cardinal* de la dizaine (عشر *a''cher,* dix). *Douzième* se traduira donc littéralement en arabe par ces mots : *le deuxième dix :* الثاني عشر *et-tâni a''cher.*

Il est à remarquer également que, pour rendre les nombres *ordinaux* depuis *onzième* jusqu'à *dix-neuvième* inclusivement, comme pour rendre les nombres *cardinaux,* depuis *onze* jusqu'à *dix-neuf,* l'usage a adopté une manière qui diffère beaucoup de celle de la langue régulière.

Il se borne à faire précéder de l'article ال le numératif cardinal adopté dans le langage.

	Langue parlée.		**Langue régulière.**
Onzième :	الاحداش	*al-ehhdâch ;*	الحادي عشر.
Douzième :	الاثناش	*el-etnâch;*	الثاني عشر.
Treizième :	الثلاثاش	*et-tlatâch;*	الثالث عشر.
Quatorzième :	الاربعتاش	*el-arba''tâch ;*	الرابع عشر.
Quinzième :	الخمستاش	*el-khamsetâch;*	الخامس عشر.
Seizième :	الستاش	*es-sittâch;*	السادس عشر.
Dix-septième :	السبعتاش	*es-sba''tâch ;*	السابع عشر.

	Langue parlée.		**Langue régulière.**
Dix-huitième :	الثمنتاش	*et-tmantâch;*	الثامن عشر.
Dix-neuvième :	التسعتاش	*et-tsa''tâch;*	التاسع عشر.

Pour former le féminin des numératifs ordinaux *réguliers*, il n'y a qu'à ajouter, au nom de l'unité, la terminaison féminine ة. Ex. : الحادية عشر *al-hhadiat a''cher.*

En parlant, on devra toujours se servir des mots placés dans la première colonne; en écrivant, il conviendra d'employer au contraire ceux de la deuxième colonne.

Passé *vingt*, les nombres *ordinaux* s'obtiennent *en plaçant l'article devant le nombre cardinal, et lorsqu'il y a des unités, en le redoublant devant elles.*

Vingt-unième :	الواحد و العشرين	*al-ouahhed ou el-a''chrin.*
Vingt-deuxième :	الاثنين و العشرين	*al-etnin ou el-a''chrin.*
Vingt-troisième :	الثلاثة و العشرين	*et-tlâta ou el-a''chrin.*
Trentième :	الثلاثين	*et-tlâtin.*
Quarantième :	الاربعين	*el-arba''in.*
Cinquantième :	الخمسين	*el-khamsin.*
Soixantième :	الستين	*es-sittin.*
Centième :	الميّة	*al-mïa.*
Deux centième :	الميّتين	*al-mïteïn.*
Millième :	الالف	*al-elf.*
Deux millième :	الالفين	*al-elfeïn.*
Trois millième :	الثلاث الاف	*et-telt elaf.*

Quant aux *centaines, dizaines* ou *unités* intermédiaires, elles se rendent d'après les règles que nous avons tracées ci-dessus.

Il nous reste à dire quelques mots sur la manière d'indiquer les dates et les quantités.

En ce qui concerne les dates, nous ferons observer que si, dans l'usage, on se sert des numératifs *cardinaux*, dans l'écriture on emploie les numératifs *ordinaux*, au moins pour les actes importants. On écrit alors la date en toutes lettres, et de cette manière il devient beaucoup plus difficile de l'altérer. Ex. :

خمسين	و	اربعة	عام	محرم	من	التاسع	اليوم	بتاريخ
khamsîn	*ou*	*arba''a*	*a''am*	*moharram*	*min*	*et-tâsa''*	*el-ioum*	*bi-tarikh*
cinquante	et	quatre	an	moharram	de	le neuvième	du jour	à la date

الف	و	مايتين	و
elf	*ou*	*miteïn*	*ou*
mille	et	deux cents	et

C'est-à-dire : à la date du 9e jour du mois de moharram de l'an 1254.

Dans les actes qui présentent une moins grande importance, les dates se mettent en chiffres que l'on dispose ainsi :

بتاريخ ٩ من محرم عـــام ١٢٥٤

Cette date est la même que la précédente.

Du reste, lorsque l'on exprime une quantité, soit en nombres cardinaux, soit en nombres ordinaux, surtout lorsqu'il s'agit de monnaies, d'années, ou de choses entrant dans le commerce, on répète assez généralement en chiffres le nombre qui a déjà été écrit en lettres.

و	تسعة ٤٩	و	دينار	عشرين	و	خمسة	و	ماية ١٢٥	له	دفع
ou	*tsa''at-*	*ou*	*dinar*	*a''chrin*	*ou*	*khamsat*	*ou*	*miat*	*lo*	*defa''*
et	neuf	et	dinars	vingt	et	cinq	et	cent	à lui	il a payé

جديدة	دينار	اربعين
djedida	*dinar*	*arba''in*
nouveaux	dinars	quarante

C'est-à-dire : il lui a payé 125 dinars et 49 dinars nouveaux.

Les dix premiers nombres ordinaux peuvent se changer en adverbes pour exprimer les mots : *premièrement*, *secondement*, etc., en ajoutant à l'unité *ordinale* un أ que l'on prononce *ân*.

Premièrement :	أوّلاً	*aouelân.*
Secondement :	ثانياً	*tâniân.*
Troisièmement :	ثالثاً	*tâlitân.*

et ainsi de suite.

§ 4. — DES FRACTIONS.

Les Arabes ont différents noms pour exprimer les fractions, mais ces noms qui dérivent des numératifs cardinaux, ne se rapportent qu'aux dix premières parties de l'unité.

Les fractions se forment, à partir de *un tiers*, des mêmes lettres que la racine d'où sont tirés les nombres cardinaux, seulement les voyelles sont changées.

Dans les fractions, la première radicale est marquée d'un ُ .

Une demie :	النُّصف	*en-nouçf.* et vulg. نُصّ *nouç.*
Un tiers :	الثُّلث	*et-toult.*
Un quart :	الرُّبع	*er-roub''.*
Un cinquième :	الخُمس	*el-khoums.*
Un sixième :	السُّدس	*es-souds.*
Un septième :	السُّبع	*es-soub''.*
Un huitième :	الثُّمن	*et-toumn.*
Un neuvième :	التُّسع	*et-tous''.*

Quant aux fractions moindres, il faut, pour les traduire, avoir recours aux numératifs cardinaux.

SECTION II.

DES CAS.

Les cas servent à indiquer le rapport qui existe entre un nom et un verbe, une préposition ou un autre nom.

Ces rapports, suivant le génie des langues, peuvent s'exprimer au moyen d'une terminaison qui varie pour chaque cas, comme en latin ; soit au moyen d'une préposition ou d'une particule dont on fait précéder le nom, comme en français.

Le premier mode est celui qui est adopté dans l'arabe régulier ; le second est celui qui est employé dans l'arabe parlé.

1° Arabe régulier.

Il est à remarquer que l'arabe régulier n'admet que trois cas :

Le *nominatif*, ou sujet;

Le *génitif*, ou régime des prépositions;

L'*accusatif*, ou régime des verbes.

Sans appeler d'une manière spéciale l'attention sur la déclinaison régulière, nous croyons cependant utile d'en dire quelques mots, parce que, dans les lettres ou pièces arabes écrites par des hommes instruits, et même dans la conversation, à la suite des prépositions, on est exposé à en trouver des traces.

On observera, en examinant le tableau ci-après de la déclinaison :

1° Qu'au *singulier* les cas se forment, sans augmentation de lettres, par l'addition d'inflexions finales obtenues au moyen des voyelles ;

2° Qu'au *pluriel* les cas se forment par l'addition des finales ون pour le nominatif, et ين pour l'accusatif et le génitif.

3° Qu'au *duel* les cas s'obtiennent par l'addition des finales ان pour le nominatif, et ين pour le génitif et l'accusatif.

Tableau de la déclinaison arabe.

Singulier.	Nominatif	(ٌ)	حمّالٌ	*hhammâl-oun*	Bref.
	Génitif	(ٍ)	حمّالٍ	*hhammâl-in*	
	Accusatif	(ً)	حمّالاً	*hhammâl-an*	

Pluriel.	Nominatif (ون)	حمّالون	*hhammâl-oun*	Long.
	Génitif / Accusatif (ين)	حمّالين	*hhammâl-în*	

Duel.	Nominatif (ان)	حمّالان	*hhammâl-ân*	Long.
	Génitif / Accusatif (ين)	حمّالين	*hhammal-eïn*	

Lorsque le substantif est *déterminé* par l'*article* ou par un *pronom*, ou lorsqu'il est immédiatement suivi de son régime, on supprime au *singulier* le *tanouin* et l'on n'écrit que la voyelle simple.

Singulier.	Nominatif (ـُ)	الحمّالُ	*el-hhammâl-ou.*
	Génitif (ـِ)	الحمّالِ	*el-hhammâl-i.*
	Accusatif (ـَ)	الحمّالَ	*el-hhammâl-a.*

Quant au *pluriel*, il se décline de la même manière, que le nom soit *déterminé* ou *indéterminé.*

2° Arabe parlé.

Ce que nous venons de dire des cas de l'arabe se rapporte uniquement à l'arabe grammatical. Il nous reste à expliquer les différences que l'usage a consacrées dans le langage.

Nous venons de voir que les cas, au *singulier*, se formaient par l'addition de certaines voyelles finales. Or, ces inflexions se supprimant dans l'usage, il s'ensuit que les cas présentent tous le même caractère. Ainsi حمّال sera aussi bien au *nominatif*, qu'au *génitif* ou à l'*accusatif*.

Comment donc distinguer les cas lorsque les signes voyelles ne sont ni marqués, ni prononcés?

On les reconnaîtra à la position que les substantifs occupent dans la phrase, au verbe par lequel ils sont régis, ou à la préposition dont ils sont précédés.

Si le substantif est sujet, il sera au *nominatif*.

S'il est régime d'un verbe, il sera à l'*accusatif*.

S'il est régime d'une préposition ou d'un nom, il sera au *génitif* (1).

La préposition qui régira le substantif, dans cette dernière hypothèse, indiquera le cas français auquel correspondra le génitif arabe.

Ainsi le substantif précédé de la préposition ل se rendra par le *datif français :*

قلت لقدور *qolt li-qaddour* (j'ai dit à Qaddour).

Le substantif régi par la préposition مِن *min* ou عن *a''n* se traduira par l'*ablatif français*.

راني نخرج مِن الحمّام *ra-ni nekhrodj min el-hhammâm.*

Pour appeler, on se sert en arabe de la particule يا *ia*, dont on fait précéder le substantif.

يا حمّال *ia hhammâl* (ô porteur).

L'article ال *al*, entre deux substantifs *communs*, se rendra par le génitif français.

دار القاضي *dar el-qâdhi* (la maison du kadi).

Il convient de faire observer, avant de terminer ce chapitre, que si, dans la conversation, toute trace de désinence de cas disparaît, sauf lorsqu'à la préposition ب est joint un *pronom affixe*, il n'en est pas toujours de même dans l'écriture usuelle, où l'on rencontre quelquefois le signe de l'accusatif. Ex. :

شديدًا	فرحًا	بها	فرحت	كتابتكم	عزيز	وصلني	لمّا
chedidân	*farhhân*	*bi-ha*	*farahht*	*kitabet-koum*	*a''ziz*	*ouçal-ni*	*lemma*
forte	joie	sur elle	je me suis réjoui	votre lettre	chérie	est arrivée à moi	quand

C'est-à-dire : quand votre lettre chérie m'est parvenue, je me suis beaucoup réjoui.

(1) Nous prenons ici le *génitif* dans son sens le plus étendu, c'est-à-dire comme l'entendent les Arabes, et renfermant par conséquent notre génitif, notre datif et notre ablatif.

CHAPITRE III.

DU PRONOM.

Pronoms personnels isolés et affixes ; observations sur les pronoms personnels isolés et affixes. — Pronom personnel affixe employé comme pronom possessif; des expressions متاع et ديال employées pour exprimer les pronoms possessifs. — Pronoms démonstratifs. — Pronoms relatifs. — Manière de rendre en arabe notre pronom réfléchi. — Pronoms indéterminés.

Le pronom est un mot qui se met ordinairement à la place d'un substantif qu'on a déjà nommé, ou qu'on veut éviter de nommer une seconde fois.

Les pronoms en arabe sont ou *personnels*, ou *démonstratifs*, ou *relatifs*. Il n'y a pas de pronom *possessif*, le pronom *personnel* en tient lieu.

§ 1er. — PRONOMS PERSONNELS.

Le pronom personnel peut être *isolé*, c'est-à-dire, constituer à lui seul un mot distinct dans la proposition ; ou *affixe*, c'est-à-dire se lier avec un autre mot, *verbe*, *substantif*, *adverbe*, ou *préposition*, de manière à ne plus en former qu'un seul avec ce mot.

Les pronoms personnels *isolés* s'emploient lorsque le pronom tient lieu de *sujet ;*

Les pronoms personnels *affixes*, quand le pronom doit être *régime*.

Les tableaux suivants comprennent ces deux sortes de pronoms

Pronoms personnels isolés.

		Masculin.	Commun.	Féminin.
Sing.	1re pers.	»	انا *ana* انايا *anaia*	»
	2e pers.	انت *enta* انتايا *entaia*	»	انت *enti* انتينا *entina*
	3e pers.	هو *houa*	»	هي *hia*
Plur.	1re pers.	»	نحن *nahhn* احنا *akhna*	»
	2e pers.	»	انتم *entoum*	»
	3e pers.	»	هم *houm* هما *houma*	»

Pronoms personnels affixes.

		Masculin.	Commun.	Féminin.
Sing.	1re pers.	»	ي *i* (1)	»
	2e pers.	ك *ak*	»	ك *ek* كي *ki* (2)
	3e pers.	ه *ho*	»	ها *ha*
Plur.	1re pers.	»	نا *na*	»
	2e pers.	»	كم *koum*	»
	3e pers.	»	هم *houm*	»

(1) Le ي pronom affixe se prononce *ïa*, lorsqu'il est précédé d'un substantif ou d'une préposition qui se termine par l'une des trois lettres : ا و ي. Ex.: باباي *baba-ïa* (mon père) ; بوي *bou-ïa* (mon père) ; عليّ *a''le-ïa* (sur moi).

(2) Le plus souvent même on emploie le masculin pour les deux genres.

Ces pronoms sont, comme on le voit, d'une extrême facilité. Les observations suivantes simplifieront encore leur emploi.

1° Observations sur le pronom personnel isolé.

1° Il est à remarquer que les trois mots : انايا, انتايا, انتينا ne sont employés que dans l'usage oral; en écrivant, on devra toujours se servir des mots : انا, انت, انتِ.

2° Lorsque deux pronoms personnels se suivent, comme *vous* et *moi*, il faut, contrairement aux règles de notre langue et de notre politesse, exprimer d'abord le pronom de la *première* personne, puis celui de la *seconde*, en dernier lieu, enfin, celui de la *troisième*.

On ne dira donc pas comme en français :

Toi et *moi*, mais, *moi* et *toi* : انا و انت *ana oua enta.*

Vous et *moi*, mais, *moi* et *vous* : انا و انتم *ana oua entoum.*

Mais on dira en arabe comme en français :

Vous et *lui* انت و هو *enta oua houa.*

3° Nous rappellerons ici ce que nous avons dit plus haut, qu'il entre dans le génie de la langue arabe de supprimer les verbes toutes les fois que cela est possible. Les exemples ci-après, où le pronom joue le rôle du verbe, appuieront cette observation.

اش انت *ach enta* (comment toi?) c'est-à-dire, comment vous portez-vous?

انا بخير *ana bi-kheir* (moi avec le bien), c'est-à-dire, je me porte bien.

هم طيّبين *houm thaïebîn* (eux bien portant), c'est-à-dire, ils se portent bien.

Dans ces trois exemples, il n'y a pas de verbe exprimé; cependant la phrase est parfaitement claire.

Dans les trois exemples ci-après, on verra le pronom joint au participe présent ou adjectif verbal, servant à indiquer le présent de l'indicatif.

انا كاتب *ana kâteb* (moi écrivant) j'écris.

واين انت رايح *oueïn enta raïehh* (où toi allant), où vas-tu ?

هو ماشي للدار *houa mâchi lid-dar* (lui allant à la maison), il va à la maison.

2° Observations sur le pronom personnel affixe.

Les pronoms personnels *affixes*, ainsi que leur nom l'indique, se lient avec les mots qui les régissent, de manière à ne plus former qu'un seul tout avec eux. Ex. :

قدامك *qoddâm–ak* (devant-toi).

ضربه *dharab-ho* (il a frappé lui).

On peut donc poser la règle générale suivante :

Pour faire usage du pronom affixe, il suffit de joindre la lettre, ou les lettres qui constituent ce pronom, avec le mot qui le régit.

Cette règle ne souffre d'exceptions que dans quatre cas, et encore, dans les trois derniers, le pronom ne subit-il aucune altération, mais il en fait éprouver une au mot qui le précède.

1° Il est évident, tout d'abord, que si le mot qui précède l'affixe est terminé par l'une des lettres : ا و ر ز د ذ, lettres qui ne s'unissent point à la suivante, l'affixe ne pourra s'identifier matériellement avec ce mot. Mais, bien que séparé dans ce cas, il se prononcera de la même manière que s'il y était joint.

On écrira donc :

تخبره	tu lui diras	que l'on prononcera :	*tekhaber-ho.*
نخبرك	je te dirai		*nekhaber-ak.*
يخبركم	il vous dira		*ikhaber-koum.*

2° Lorsque le mot auquel doit se joindre l'affixe est terminé par un ة, l'adjonction du pronom influe sur cette lettre et la fait changer en ت.

والدتي *ouâledét-i* (ma mère) de والدة
طاقتك *thâqét-ak* (ta fenêtre) de طاقة
رسالتنا *ressâlét-na* (notre lettre) de رسالة
ذريتهم *driét-houm* (leur postérité) de ذرية

3° Quand à un verbe *au singulier* est joint le pronom personnel affixe de la première personne, comme dans cette phrase . *il m'a frappé,* on ajoute, *par euphonie,* un ن avant le ي pronominal. On dira donc :

ضربني *dharab-ni* (il m'a frappé).

صدقتني *çadaqt-ni* (tu m'as cru).

4° Lorsqu'à un verbe *au pluriel* est joint *un pronom personnel affixe* de n'importe quelle personne, quel genre, ou quel nombre, l'ا final du pluriel disparaît complétement, et à la première personne on met à sa place un ن euphonique.

ضربوني *dharabou-ni* (ils m'ont frappé).
صدقوك *çadeqou-k* (ils t'ont cru).
حكموها *hhakmou-ha* (ils l'ont saisie).

Pronom personnel affixe employé comme pronom possessif.

Le pronom personnel *affixe,* comme nous l'avons dit en commençant ce chapitre, est employé en arabe à la place du pronom *possessif* qui n'existe pas, et par conséquent il devient alors lui-même *pronom possessif.*

Le pronom personnel *affixe* peut donc avoir deux sens bien distincts : celui de notre pronom *personnel,* et celui de notre pronom *possessif.*

Il a le sens de notre pronom *personnel,* toutes les fois qu'il est joint à un *verbe* , à un *adverbe* , ou à une *préposition.*

خليته *khellit-ho* (je l'ai laissé).

قدّامنا *qoddâm-na* (devant nous).

بيه *bi-h* (avec lui).

Il a le sens de notre pronom *possessif,* toutes les fois qu'il est joint à un *substantif.*

كتابنا *ktab-na* (notre livre).
داركم *dar-koum* (votre maison).
سنجاقهم *sandjaq-hom* (leur drapeau).

Dans l'un et l'autre cas, ils suivent du reste les mêmes règles.

Observons toutefois que jamais l'article ne peut se joindre à un nom qui finit par un affixe, car, dans ce cas, le pronom étant lui-même *déterminatif*, il en résulterait que le substantif serait déterminé deux fois.

Mais il faut, pour cela, que l'affixe soit joint immédiatement au nom, ce qui n'aurait pas lieu si l'on se servait des expressions متاع *mta"* ou ديال *dial* dont il nous reste à parler.

Des expressions متاع et ديال employées pour exprimer les pronoms possessifs.

Les Arabes se servent continuellement en Algérie, mais presqu'exclusivement en parlant, des expressions متاع *mta"* et ديال *dial* (cette dernière est un peu moins usitée) pour rendre, ou plutôt pour compléter l'idée exprimée par nos pronoms possessifs. Ces mots, que l'on pourrait traduire par *propriété de* (1), sont invariables de leur nature; pour s'adapter aux différentes personnes, il est donc besoin d'une annexe, et, cette annexe, ils l'empruntent au pronom personnel qui vient se joindre aux mots متاع *mta"* et ديال *dial*, de la même manière qu'il s'unit aux substantifs.

ديالي ou متاعي تسبيح *tesbihh mta"i* (chapelet propriété de moi).
ديالنا ou دار متاعنا *dâr mta"na* (maison propriété de nous).
ديالكم ou كلب متاعكم *kelb mta"koum* (chien propriété de moi).

L'expression متاع, dont l'orthographe régulière est celle que nous indiquons, subit les diverses altérations suivantes : متع *mta"* امتاع *emta"* et امتع *emta"*.

(1) متاع vient du mot متاع *propriété;* ديال est la contraction des deux mots arabes الذي لي *alladi li* (lequel à moi).

On se sert encore du mot متاع *mta'', avec l'affixe de la personne*, pour rendre l'adjectif possessif français *mien*, *tien*, *sien*, etc.

Ce bœuf est le mien : هذا البرد متاعي *had el-ferd mta''i.*

Ce chameau est le tien : هذا الجمل متاعك *had ed-djemel mta''ak.*

Les mots متاع et ذيال ne doivent du reste s'appliquer régulièrement qu'aux *choses*. Il est donc mal de dire, comme on le fait quelquefois :

Voici mon fils : هذا هو الوليد متاعي *hada houa al-oulid mta''i ;*

On devrait s'exprimer ainsi :

هذا هو وليدي *hada houa oulid-i.*

Remarque. — On emploie quelquefois le mot متاع *isolément*, c'est-à-dire, sans être réuni au pronom personnel ou possessif qui est le même en arabe, pour traduire le *de* ou *du* français, signifiant la *partie d'un objet.*

Apporte-moi un peu *de* pain : جب لي شوية متاع الخبز *djib li chouia mta'' el-khobz.*

§ 2. — PRONOMS DÉMONSTRATIFS.

Le pronom démonstratif sert à indiquer les objets dont on parle.

Ces objets peuvent être *éloignés* ou *proches* ; dans le premier cas, on ajoute un ك au pronom démonstratif.

Tableau du pronom démonstratif se rapportant à un objet rapproché.

Masculin.	Commun.	Féminin.
	Singulier.	
هذا *hada.*	»	هذه *hadi.* هذي *hadi.*
	Pluriel.	
»	هذوا *hadou.*	»
»	هذوما *hadouma.*	»

Tableau du pronom démonstratif se rapportant à un objet éloigné.

Masculin.	Commun.	Féminin
	Singulier.	
هذاك *hadak.* ذاك *dak.*	»	هذيك *hadik.* ذيك *dik.*
	Pluriel.	
»	هذوك *hadouk.* ذوك *douk.*	»

Le pronom *démonstratif* peut avoir deux sens distincts.

1° Lorsqu'il tient lieu d'un *article*, ce qui arrive lorsque le substantif est exprimé, comme dans cette phrase : *ce chien, ce cheval,* le pronom doit être suivi de l'article.

Ce chien que j'ai vu chez vous : هذا الكلب اللي شفته عندك *had el-kelb elli chouft-ho a"nd-ak,* — ce *le* chien lequel j'ai vu lui chez toi.

Ce cheval est excellent : هذا العود راه مليح بالزاف *had el-a"oud ra-ho mlihh b-iz-zaf,* — ce *le* cheval est lui bon beaucoup.

2° Il peut avoir le sens d'un *pronom*, c'est-à-dire, suppléer un substantif sous-entendu, et alors il rejette l'article, parce que dans ce cas en effet il est *déterminatif.*

Celui-ci ne me plaît pas : هذا ما يعجبني شي *hada ma ia"djebni-chi,* — celui-ci pas plaît à moi chose.

Cela m'est arrivé dans le temps : هذا وقع علي سابقا *hada ouaqa' a"leï-i sâbeqân,* — cela est tombé sur moi autrefois.

Lorsque le pronom démonstratif est pris comme *article,* et nous avons vu qu'alors son emploi ne dispense pas de l'article, il se prononce uniformément *had,* pour tous les *genres* et pour tous les *nombres.*

Cette femme que j'ai rencontrée : هذي المرة اللي تلاقيت معها *had el-mra elli tlaqit ma"ha,* — cette *la* femme laquelle je me suis rencontré avec elle.

Ces femmes qui se promènent : هذوا النسا اللي راهم يحوسوا *had en-nissa elli ra-houm ihhaouessou,* — ces *les* femmes qui se promènent.

Cette première contraction en a amené une seconde.

Quand le pronom démonstratif est suivi de l'article (هذا ال), les Arabes suppriment souvent, en parlant, toutes les lettres autres que la *première* du pronom, et la *dernière* de l'article, de sorte qu'il ne reste plus que le ه et le ل, dont on forme le mot هل *hal,* employé pour tous les nombres et pour tous les genres, et dont on se sert même quelquefois en écrivant.

Ce mot étant lui-même une contraction de deux autres mots, dont le dernier est l'article ال, on ne doit pas exprimer l'article après lui.

Cette jeune fille :	هل طفلة *hal,*	pour	هذي الطفلة
Ce livre :	هل كتاب *hal ktab,*	—	هذا الكتاب

L'article, ainsi que nous venons de le dire, entrant dans la composition du mot هل, subit l'influence de la lettre solaire qui le suit.

On ne prononcera donc pas : هل رجل *hal radjel,* mais : *har-radjel.*

Lorsque nous voulons en français indiquer d'une manière plus précise un objet, nous ajoutons, après le substantif, les adverbes *ci* ou *là* et nous disons : *ce lieu-ci, cette personne-là.*

Cette idée se rend en arabe d'une manière analogue.

Pour la traduire, on place le mot هل devant le nom de l'objet que l'on désigne, et l'on fait suivre ce mot du pronom هذا en le faisant accorder avec le substantif.

Apporte-moi cette lampe-ci : جب لي هل مصبح هذا *djib-li hal meçbahh hada.*

Regarde cette femme-là : شوف هل مرة هذي *chouf al-mra hadi.*

§ 3. — PRONOMS RELATIFS.

Le pronom *relatif* est un mot qui tient lieu d'un substantif ou d'un autre pronom.

Ces pronoms dans notre langue se rendent par différents mots, tels que : *qui*, *que*, *dont*, *lequel*, *laquelle*. En arabe, ils se traduisent tous, au moins dans l'usage oral, par le mot ٱلّي *elli*, pour tous les *genres* et pour tous les *nombres*.

On reconnaît qu'un pronom est relatif lorsqu'il peut se tourner par *lequel*, *laquelle*, etc. Toutes les fois que cette construction est possible on se servira donc en arabe du mot ٱلّي *elli*, pour rendre le pronom.

Ainsi dans cette phrase : l'*homme qui est debout*, le *qui* peut être remplacé par *lequel*, l'*homme lequel est debout*. On dira donc :

الرجل الّي راه وافق *er-radjel elli ra-ho ouâqef.*

Dans cet autre exemple : *je viendrai à l'heure qu'il vous plaira*, le *que* peut encore se changer en *laquelle*, l'*heure laquelle il vous plaira*. On se servira donc du mot الّي.

نجي في وقت الّي حبّ خاطرك *nedji fi ouaqt elli hheub khatr-ak*, — je viendrai dans temps lequel a voulu ta volonté.

Il est à observer que, le plus souvent, le pronom *relatif* se construit avec le pronom *affixe*.

Les exemples suivants feront mieux ressortir l'usage de ces deux pronoms simultanés :

Cet homme que j'ai rencontré : هذا الرجل الّي تلاقيت معه *had er-radjel elli tlaqit ma-ho*, — celui-ci l'homme *lequel* je me suis rencontré avec *lui*.

J'ai lu la lettre que vous m'avez écrite : قريت البرا الي كتبتها لي *qrit el-bra elli ktabt-ha l-i*, — j'ai lu la lettre *laquelle* tu as écrit *elle* à moi.

La femme dont on a tué le fils : المرة الي قتلوا ابنها *el-mra elli qatlou ibn-ha*, — la femme *laquelle* ils ont tué fils *son*.

Notre conjonction *que* se rend aussi quelquefois par le mot ٱلّي *elli* ou بالّي *belli.*

On m'a dit qu'il était mort : فالوا لي بالّي مات *qâlou li belli ma.*, — Ils ont dit à moi *que* il est mort.

Nous venons de voir que dans l'usage oral on ne se sert que du mot ٱلّي pour traduire nos pronoms relatifs ; mais, en écrivant, il est bien de rentrer dans les règles de l'arabe grammatical et de faire la distinction des genres et des nombres.

On dira donc :

Lequel ٱلذي *elladi,* laquelle ٱلتي *ellati*

Lesquels, lesquelles ٱلذين *elladîn.*

Nous devons ajouter toutefois, ce qui est vrai surtout pour les Arabes, qu'il y a beaucoup de gens qui écrivent comme ils parlent. On ne devra donc pas s'étonner de rencontrer, même dans les lettres, le mot ٱلّي *elli*, employé pour ٱلذي, ٱلتي, ٱلذين, dont le pronom ٱلّي n'est d'ailleurs que la contraction.

§ 4. — MANIÈRE DE RENDRE EN ARABE NOTRE PRONOM RÉFLÉCHI.

Lorsque la personne qui agit est en même temps celle sur laquelle tombe l'action, le pronom qui sert à exprimer l'objet de l'action se nomme en français *réfléchi* : Ex. : *se frapper*.

Plusieurs manières s'offrent d'exprimer ce pronom en arabe.

On peut se servir des mots نفس *nefs* (âme), pluriel نفوس *nefôus*, روح *rouhh* (esprit), ذات *dât* (personne), auxquels on ajoute le pronom affixe de la personne sur laquelle se réfléchit l'action.

Il s'est tué : قتل روحه *qatal rouhh-ko* (il a tué son esprit).

Ils se sont livrés : سلموا نفوسهم *sellemou nefous-houm* (ils ont livré leurs ames).

On peut également employer la 5ᵉ forme dérivée du verbe primitif :

تزوّج *tzaouedj* (il s'est marié).

تزوّجوا *tzaouedjou* (ils se sont mariés).

Si le pronom *réfléchi* indique en même temps *une idée de réciprocité*, il doit se rendre de l'une des deux manières suivantes :

1° Au moyen du mot بعض *badh* répété, en ayant soin d'ajouter après le premier بعض le pronom affixe هم *houm* (eux).

Cette manière d'exprimer le pronom réfléchi a une certaine analogie avec notre expression *les uns les autres*.

Ils se sont écrit : كتبوا لبعضهم بعض *katabou li-badh-houm badh.*

Ils se sont frappés : ضربوا بعضهم بعض *dharabou badh-houm badh.*

2° En se servant de la 6ᵉ forme dérivée du verbe, qui indique la réciprocité.

تكاتبوا *tkâtebou* (ils se sont écrit).

تضاربوا *tdhârebou* (ils se sont frappés).

Cette dernière manière est peu usitée dans le langage.

§ 5. — PRONOMS INDÉTERMINÉS.

A côté des pronoms dont nous venons de parler, il en existe en français un certain nombre qui n'appartiennent à aucune des classes que nous avons énumérées plus haut.

Ils sont, pour la plupart, beaucoup plus du domaine du dictionnaire que d'une grammaire ; néanmoins nous avons cru qu'il pourrait être utile d'indiquer la manière dont les Arabes d'Algérie les rendent.

Dans le classement de ces pronoms nous nous bornons à suivre l'ordre alphabétique, car, encore une fois, nous empiétons ici sur le domaine du dictionnaire.

Autre (un —) واحد اخر *ouhhad akhor*, ou simplement : اخر *akhor*

Aucun autre n'est venu : ما جاء شي واحد اخر *ma dja-ch ouahhad akhor*, — pas est venu chose *un autre.*

Ce qui, ce que, quoi : اش *ach*, ou ما *ma*.

Je ne sais ce que vous écrivez : ما نعرف شي اش تكتب *ma na"ref chi ach tekteb*, — pas je sais chose *quoi* tu écris.

Ceux de...... expression vulgaire pour dire : *les gens du pays*, se traduit par اهل *ahel*.

Ceux d'Oran : اهل وهران *ahel ouahran*.

Chaque, *chacun*, se rendent par الواحد *al-ouahhed*, ou كل واحد *koul ouahhad*.

Chacun sait : كل واحد يعرف *koul ouahhed ia"ref*.

Lequel, *laquelle*, *quel*, *qui?* se rendent par مَنْ *men*, اينا *aina*, suivis du pronom personnel isolé.

Qui est-ce? اينا هو *aina hou*.

Qui est-ce? اينا هي *aina hia*, en parlant d'une femme.

L'un, *l'autre*, s'expriment par les mots واحد *ouahhed* (un), placé à la tête du premier nombre de phrase, et واحد اخر *ouahhed akhor* (un autre), placé à la tête du second membre.

L'un dit oui, l'autre dit non : واحد يقول نعم واحد اخر يقول لا *ouahhed iqoul na"m ouahhed akhor iqoul la*, — *un* dit oui, *un autre* dit non.

L'un peut encore s'exprimer par واحد *ouahhed*, et l'*autre*, par الثاني *et-tâni* (le second), ou اخر *akhor* (l'autre).

L'un est bien portant, l'autre malade : واحد بخير و الثاني مريض *ouahhed bi-kheir ou et-tâni mridh*, — *un* avec le bien, *le second* malade.

L'un et l'autre se rend par الزوج *ez-zoudj* (le couple).

L'un et l'autre s'en sont allés : الزوج راحوا *ez-zoudj rahhou*, — le couple (s'en) sont allés.

L'un ou l'autre s'exprime par هذا و الا هذا *hada ou illa hada*, — (celui-ci ou sinon celui-ci).

Peu m'importe ; l'un ou l'autre : ما عندي حاجة هذا و الاّ هذا *ma 'i'nd-i hhadja hada ou illa hada*, — pas chez moi chose ; *celui-ci* ou sinon *celui-ci*.

Même. Moi —, toi —, lui —, se traduisent par les mots بذات (en personne), auxquels on ajoute le pronom affixe de la personne.

Il est allé lui-même : مشي بذاته *mecha bi-zat-ho.*

On. Il y a trois manières d'exprimer *on* en arabe.

1° La première, réservée au style écrit, consiste dans l'emploi de la 3ᵉ personne du prétérit du passif. Ex. : حُكي *hhouki* (il a été dit).

On ne se sert, du reste, du passif, même en écrivant, que pour certains mots bien connus, et le plus souvent au commencement d'une narration.

On dit qu'il y avait à Bagdad : حُكي انه كان في بلاد بغداد *hhouki en-ho kân fi blâd barhdâd,* — il a été dit que était dans ville Bagdad.

2° La seconde, qui rentre dans le domaine de l'arabe parlé et dont on fait également usage dans le style écrit, consiste à se servir de la 2ᵉ personne du pluriel du prétérit du verbe.

On m'a dit : قالوا لي *qâlou li* (ils ont dit à moi).

On dit : يقولوا *iqoulou* (ils disent).

Dans ce cas, on peut également placer devant le verbe le mot الناس *en-nas* (les gens).

On dit : الناس يقولوا *en-nas iqoulou.*

3° Enfin, on emploie pour exprimer *on*, quand il s'applique à une seule personne, le mot واحد *ouahhed* (un).

On est venu vous demander : جاء واحد يسقسي عليك *dja ouahhed 'isaqsi a''lei-k,* — est venu *un* il demande sur toi.

Vois, on frappe à la porte : شوف واحد يدقدق في الباب *chouf ouahhed idaqdaq fi-l-bab,* — vois *un* il frappe dans la porte.

Pas un, personne, se traduisent par ما احد *ma ahhad,* حتّي واحد *hatta ouahhad,* حتّي حدا *hhatta hhada,* ما حدا *ma hhada,* mots qui sont la traduction littérale de ceux-ci : *pas un.*

Personne n'est venu aujourd'hui? Personne. ما جاءُ شي واحد اليوم حتّي واحد *ma dja-ch. ouahhed el-ïoum hhatta ouahhed,* — *pas* est venu chose *un* aujourd'hui? Pas même un.

La plupart se rend par الكثرة *al-ketra,* الاكثر *el-aktar*

La plupart ont pris la fuite devant nous : الاكثر هرب منّا *el-aktar harab min-na,* — la plupart ont fui de nous.

Quelqu'un s'exprime par واحد *ouahhad.*

Je viens d'envoyer quelqu'un chez vous pour vous apporter le paquet : راني بعثت عندك واحد يجيب البقجة *ra-ni ba''ats a''nd-ak ouahhed idjib al-boqdja,* — je suis j'ai envoyé chez toi un il apportera le paquet.

Quelques-uns, البعض *el-badh;* بعض *badh.*

Quelques-uns m'ont demandé si vous demeuriez à Alger : البعض سأل عنّي لو كنت تسكن في الجزاير *el-badh saal a''nni lou kount teskon fi-l-djezaïr,* — quelques-uns a demandé de moi si tu étais tu demeures dans Alger.

Qui? qui est-ce qui? s'expriment par مَن هو *men hou* مَن *men,* اش كون *ach koun* (1).

Qui m'a écrit? vous ou votre frère? من هو الّي كتب لي انت او خوياك *men hou elli ktab li enta aou khoui-ak,* — qui lui lequel a écrit à moi, toi ou ton frère?

Qui frappe à la porte? اش كون يدقدق في الباب *ach koun idaq-daq fi-l-bâb,* — qui frappe dans la porte?

(1) Contraction pour اش يكون *ach ikoun* (qui est)?

Que? quoi? qu'est-ce? اش *ach*, اش نوا *ach nou.*

Que dites-vous ? اش تقول *ach tqoul.*

Qu'est-ce que cela ? اش نوا هذا *ach nou hada.*

Quiconque · كل مَن *kol men* ; اللي كان *elli kân.*

Saluez de ma part quiconque demandera de mes nouvelles : السلام من عندي علي كل مَن يسئل عني *es-selam min a''nd-i a''la koul men isal a''nn-i,* — le salut de chez moi sur quiconque interrogera de moi.

Seul. Moi —, *toi* —, *lui* —, se rendent par le mot واحد *ouahhad* (un) suivi du pronom affixe de la personne. C'est comme si l'on disait : *seul moi, seul toi, seul lui.*

Je suis venu moi seul : جيت واحدي *djit ouahhad-i.*

Tout, tous, pris dans le sens d'un pronom, lorsqu'il est suivi de *qui*, se rend par كل مَن *koul men.*

Tous ceux qui vous disent cela mentent : كل مَن يقول لك هذه الشي يكذب *koul men iqoul l-ak had ech-chi ikdeb,* — tout qui dira à toi cette chose, ment.

Tout, tous, signifiant *la généralité*, s'exprime par الكل *el-koul,* كلهم *koul-hom.*

Ils sont tous partis : راحوا الكل *rahhou el koul,* ou bien راحوا كلهم *rahhou koul-hom.*

LIVRE TROISIÈME.

DES PARTICULES.

De l'article. — De l'adverbe. — De la préposition. — De la conjonction. — De l'interjection.

La particule est la troisième partie du discours que les Arabes reconnaissent dans la proposition. Nous avons dit qu'ils comprennent sous ce titre : l'*article*, l'*adverbe*, la *préposition*, la *conjonction* et l'*interjection*.

CHAPITRE PREMIER.

DE L'ARTICLE.

Article unique. — Ses règles.

L'*article* sert à déterminer de quelle manière le substantif est employé dans le discours.

Les noms *propres* désignant les êtres par eux-mêmes, de telle sorte qu'ils font connaître d'une manière précise l'individu auquel ils s'appliquent, n'ont pas besoin, par conséquent, de se faire précéder de l'article.

Il n'en est pas de même des noms *communs* qui, se rapportant à tous les individus d'une espèce, doivent avoir des signes particuliers pour indiquer qu'ils ne concernent qu'un ou plusieurs individus.

Ces mots qui servent à retirer aux noms communs le caractère de généralité qu'ils ont lorsqu'ils sont isolés, s'appellent *articles*.

En français nous considérons comme articles, non-seulement les particules *le, la, les,* mais encore les mots : *de, du,des, au, aux.* Ces dernières ne sont cependant pas de véritables articles, mais des mots composés d'un article et d'une particule. Ainsi : *du* est pour *de la ; des* , pour *de les; au,* pour *à le* ; *aux*, pour *à les*.

Les articles réels se bornent donc en français aux trois particules *le, la, les* qui se traduisent en arabe, pour tous les genres et pour tous les nombres, par la particule ال que l'on prononce tantôt *al* , tantôt *el,* et qui se joint de la manière suivante au mot auquel elle se rapporte.

الكتاب *al-ktâb* (le livre); القمر *al-qamar* (la lune) (1).

Les particules *de, du, de la, des,* dans les mêmes cas où nous employons un génitif français, se rendent également par la particule ال. Ex. :

Le cachet *de* l'aga :	خاتم الاغا	*khâtem el-arha.*
Les moutons *du* kaïd :	كباش القايد	*kebâch el-kaïd.*
Le haut *de la* montagne :	راس الجبل	*ras ed-djebel.*

Quant aux particules *au, aux,* elles se traduisent par la préposition ل *li,* isolée, ou jointe à l'article, suivant les circonstances.

Comme on le voit, l'Arabe sépare dans ce cas la préposition de l'article. On ne dira donc pas : *je vais au port,* mais *je vais à le port :* نمشي للمرسي *nemchi li-l-mersa.*

L'article sert, avons-nous dit, à déterminer le substantif et à lui enlever le caractère de généralité qu'il a, lorsqu'il n'est ni précédé de cette particule, ni suivi d'un pronom.

(1) Nous rappellerons ici que le ل de l'article, suivi d'un mot commençant par une lettre solaire (voir pag. 14-15), se change dans la prononciation en la lettre qui le suit. Ex. : الرجل prononcez : *er-radjel* (l'homme); الشمس prononcez : *ech-chams* (le soleil), au lieu de *el-radjel, el-chams*

دار *dar* (maison), الدار *ed-dar* (la maison).

مرة *mra* (femme), المرة *el-mra* (la femme).

Deux substantifs dont l'un gouverne l'autre, ne peuvent se trouver affectés de l'article qui se place uniquement devant le second substantif.

باب الدار *bâb ed-dar* (la porte de la maison).

كتاب الله *ktâb allah* (1) (le livre de Dieu), *le Koran.*

حاكم البلاد *hhâkem el-blad* (le gouverneur de la ville).

La traduction littérale de ces trois phrases est donc : *porte de la maison, livre de Dieu, gouverneur de la ville.*

Cette manière de s'exprimer est, comme on le voit, contraire à celle de la langue française, qui veut que l'article soit répété.

On va voir que l'arabe procède également d'une manière opposée à la nôtre, lorsqu'un substantif *déterminé*, autrement dit, précédé de l'article, est suivi d'un *adjectif.*

En français, lorsqu'un *substantif* est qualifié par un *adjectif*, nous plaçons l'adjectif, tantôt avant le substantif, tantôt après.

Nous disons en conséquence : *le bon pain*, *le ministre équitable ;* mais l'article n'est jamais employé qu'*une seule fois,* et se rapporte uniquement au substantif.

Il n'en est pas de même en arabe. La règle exige que l'article placé avant le substantif, soit répété également avant l'adjectif.

الخبز المليح *al-khobz al-mlihh* (le pain le bon).

الوزير العادل *al-ouzir al-a''adel* (le ministre l'équitable).

Observons toutefois :

1° Que lorsque deux substantifs se suivent et qu'au second est joint un pronom *personnel affixe* qui, on doit se le rappeler, tient lieu en arabe de *pronom possessif,* l'article se supprime; car, dans ce cas, le second substantif est déterminé par le pronom.

باب حانوتك *bâb hhanout-ak* (la porte de la boutique).

مفتاح داري *meftahh dar-i* (la clef de ma maison).

(1) الله est une contraction pour ال *al* (la), et اله *ila* (divinité) ; la *divinité* et par conséquent *Dieu.*

2° Que le rapport entre deux substantifs peut s'exprimer également par متاع *mta"*; dans ce cas, l'article suit la même règle qu'en français, et par conséquent se répète :

القايد متاع العرش *al-qaïd mta" el-a"rch* (le kaïd de la tribu).

المكحلة متاع الاغه *al-mkahhla mta" el-aɣha* (le fusil de l'aga).

CHAPITRE II.

DE L'ADVERBE.

Manière de former les adverbes. — Nomenclature des principales expressions employées en Algérie pour traduire nos adverbes.

L'adverbe est un mot qui résume la valeur d'une préposition suivie de son complément. *Courageusement* ou *avec courage*, *tranquillement* ou *avec tranquillité* expriment en effet une seule et même idée.

Dans l'arabe *parlé*, on se sert rarement de ce mode abrégé et, par conséquent, la langue usuelle admet très-peu d'adverbes proprement dits. Mais, en revanche, elle possède beaucoup d'expressions adverbiales dont nous parlerons tout à l'heure, et qui se composent, pour la plupart, d'un substantif et d'une préposition.

L'arabe *grammatical* admet que tout substantif peut devenir adverbe en plaçant ce substantif à l'accusatif, c'est-à-dire, en lui donnant la terminaison *ân*.

غصب *rhaçb* (contrainte),	غصبا *rhaçbân* (par contrainte).
فزع *fza''* (crainte),	فزعا *fza''ân* (par crainte).
خوف *khouf* (peur),	خوفا *khoufân* (par peur).

Dans l'arabe *parlé* on n'emploie cette forme d'adverbes que pour une vingtaine de mots, tout au plus, que l'usage apprendra, mais parmi lesquels nous signalerons cependant les adverbes formés des numératifs ordinaux.

Premièrement :	أوّلاً	*aouelán.*
Secondement :	ثانياً	*tánián.*
Troisièmement :	ثالثاً	*tálitán.*
Quatrièmement :	رابعاً	*rábi''án.*
Cinquièmement :	خامساً	*khámisán.*
Sixièmement :	سادساً	*sádisán*, etc., etc.

Cette forme d'adverbes est donc à peu près inconnue, comme on le voit, dans le langage. Restent, par conséquent, les expressions adverbiales pour traduire nos adverbes français.

Ces expressions sont en nombre considérable, et l'on comprendra facilement que c'est aux dictionnaires à les faire connaître dans leur ensemble. Malheureusement, comme il n'existe pas encore, à proprement parler, de dictionnaire approprié au langage algérien, nous croyons utile de réunir les plus usitées de ces locutions, en ayant soin de placer leur traduction en regard.

On fera bien de se graver ces mots dans la mémoire, car ils reviennent sans cesse dans la conversation ; ces locutions adverbiales, véritables idiotismes pour la plupart, constituent d'ailleurs l'un des caractères spéciaux de l'idiome algérien.

Manière d'exprimer en arabe nos principales locutions adverbiales.

Actuellement : ذالوقت *del-ouaqt,* contraction, pour هذا الوقت

Ailleurs : في موضع اخر *fi maudha'' akhor,* في مضرب اخر *fi madhrob akhor.*

Ainsi : هكذا *hakda,* هكذاك *hakdak.*

A l'avenir : في ما بعد *fi ma ba''d,* من هنا للفوق *min hena l-il-fauq.*

Alors : ذاك الوقت *dak el-ouaqt,* هذاك الوقت *hadak el-ouaqt.*

Assez : بركة *barka,* يكفي *iekfi,* يزيد *izîd* (aor. du verbe زاد).

Assurément : بالصحّ *b-is-çahh*, واللّه *ou-allah*, بالتّحقيق *b-it-tahhqiq*.

Aujourd'hui : اليوم *el-ïoum*.

Au milieu de : في وسط *fi ouasth*, بين *bin*.

Aussi : كّانة *gana*, ثاني *tâni*.

Aussitôt : في الساعة *fis-sa''* (vulgairement فيسع), في الحين *f-il-hhein*.

Aussitôt que : اوّل ما *aouel ma*, وقت الّي *ouaqt-elli*.

Autant que : قدّ ما *qadd ma*.

Autrefois : في الزمان *f-iz-zemân*, في السابق *f-is-sabeq*, في الاوّل *f-il-aouel*.

Bien : مليح *mlihh*, طيّب *thaïeb*.

Bientôt : قريب *qrib*, عن قريب *a''n qrib*.

Ci-après : في ما بعد *fi ma ba''d*.

Ci-dessus : اعلاه *aa''la*.

Ci-inclus : داخل *dakhel*, طي *thaï* (avec le pronom affixe).

Combien : قدّاش *qaddach*.

Comme : كِ *ki*, كيف *kif*, زي *zeï*.

Coup (tout à —) : في الحين *f-il-hheïn*, على غفلة *a''la rhafla*.

Déjà : قدّ *qadd*, بعدا *ba''da*.

Demain : غدا *rhoda*, غدوة *rhodoua*.

Après-demain : بعد غدا *ba''d rhoda*, بعد غدوة *ba''d rhodoua*.

Dessein (à —) : بالقصد *b-il-qaçd*, بالعاني *b-il-a''ani*.

Dès que : كِ *ki*, كيف *kif*, عند ما *a''nd ma*.

Dorénavant : من هنا للفوق *min hena l-il-fouq*.

Doucement : شويه شويه *chouia chouia*.

Egalement (indiquant simultanéité) : سوا سوا *soua soua*.

— (indiquant comparaison) : كيف كيف *kif kif*.

Encore : زِد *zid*, (impér. de زاد), زيادة *ziada*, مرّة اخرة *marrat okhra*.

— (pas —) : لسّا *lessa*, ما زال *ma zal* (voir page 76).

Enfin : الاخر *el-akhar*, الحاصل *al-hhaçel.*

Ensemble : سوا سوا *soua soua*, معا *ma"a* جميعًا *djemi"dn.*

Ensuite : ثمّ *teumma*, بعد *ba"d*, بعده *ba"d-ho.*

Entièrement : كل *kol* (avec le pronom affixe), بالكل *b-il-kol*, كامل *kamel.*

En vain : بالباطل *b-il-bathel.*

Environ : يجي *idji* (aor. du verbe جا).

Exemple (par —) : بالمثل *b-il-metel.*

Exactement (indiquant comparaison) : سوا سوا *soua soua.*

— (indiquant ponctualité) : بالضبط *b-il-dhabth.*

Exprès (voyez *à dessein*).

Forcément : بالسيف *b-is-sif*, غصبًا عن *rhaçbdn a"n* (moins usité).

Gratis : بلاش *blach*, باطل *bathel.*

Gré (de bon —) : من خاطر *min-khather* (avec le pronom affixe de la personne), بالكيف *b-il-kif.*

Guère : شوية *chouia*, قليل *qlil.*

Heure (de bonne —) : بكري *bekri.*

Hier : البارح *el-barehh*, البارحة *el-barhha*, امس *ems.*

— (avant-hier) : اوّل البارحة *aouel el-barhha.*

Ici : هنا *hna*, هوني *hauni.*

Jadis (voyez *autrefois*).

Jamais : ابدًا *abdán*, عمر *a"mr* (avec l'affixe de la personne) (1).

Jusques (adverbe de lieu) : إلي *ila*, الي حدّ *ila hhedd*, لحدّ *li-hhedd.*

Là (s'appliquant à un objet éloigné) : هناك *hnak*, ثم *teumma*, ثمك *teummak.*

Long (au —) : بالتفصيل *b-it-tafçil.*

Longtemps : زمان *zmán*, بالزاف *b-iz-zaf.*

(1) عمر signifie *vie.* Cette expression traduite mot à mot signifie donc : *de ma vie, de ta vie, de sa vie*, etc.

Maintenant : ذالوقت *del-ouaqt.*

Malgré (voyez *forcément*).

Mieux : خير *kheïr.*

Moins (indiquant comparaison) : اقل *aqel.*

Moment (au —) : وقت الّي *ouaqt elli.*

Ne, non, pas : لا *la,* ما *ma* (moins impératif que لا), لم *lam.*

Nouveau (de —) : ثاني مرّة *tâni marra,* زاد *zâd* (voyez page 77).

Où : واين *ouein,* فاين *fein,* اين *eïn.*

— (d'où) : من اين *min eïn.*

Oui : ايه *eh,* نعم *na"m,* ايوا *eioua.*

Partout : في كل جهة *fi kol djiha,* في كل مضرب *fi kol madhrob,* في كل موضع *fi kol moudha".*

Petit à petit : شوية شوية *chouia chouia,* واحدة واحدة *ouahhda ouahhda.*

Peu : شوية *chouia.*

— (dans —) : عن قريب *a"n qrib.*

— (à peu près) : يجي *idji.*

Peut-être : يمكن *iemken.*

Plaît-il? نعم *na"m* (prononcé d'une manière interrogative).

Plaise à Dieu : ان شا آلله *in cha-llah.*

Plus : اكثر *aktar.*

— (tout au —) : بالحارة *b-il-hhara.*

Pourquoi : علاش *a"lach.*

Promptement : في الساعة *fis-sa",* ذالوقت *del-ouaqt.*

Quand? اي وقت *ei-ouaqt.*

Quand : وقت الّي *ouaqt elli,* كيف *kif,* حين *hheïn,* بعد ما *ba"d ma.*

Quant à : من جهة *min djiha,* و امّا *ou amma,* امّا *amma.*

Quelquefois : بعض مرات *badh marrat,* اوقات اوقات *aouqat aouqat.*

Rien : حتى شي *hhatta cheï,* حتى حاجة *hhatta hhadja*

Sans doute, probablement : وقيل *ouaqila*, من غير شك *min rheïr chek*.

Secrètement : بالسرّ *b-is-ser*.

Seulement : بركة *barka*, فقط *faqath*, الاّ *illa*.

Soit! مليح *mlihh*, طيب *thaïeb*, ما عليه *ma a''leï-i*.

Toujours : دايم *daïm*.

Tout à coup : علي غفلة *a''la rhafla*.

Très : بالزاف *b-iz-zaf*, كثير *ktir*, ياسر *iásser* (dans la prov. de Constantine).

Trop : بالزاف *b-iz-zaf*, بالزيادة *b-iz-ziada*.

Voici : ها *ha* (suivi du pronom personnel isolé).

Volontiers : ما عليه *ma a''lei-i*, مليح *mlihh*, باسم آلله *b-ism allah*.

Telles sont les expressions adverbiales les plus usitées et la manière de les rendre en Algérie. Leur nombre s'élargit beaucoup dans le style soigné, où, d'une part, on peut, comme nous l'avons dit, changer les substantifs en adverbes en les mettant à l'accusatif; où, de l'autre, on emploie souvent des mots que l'usage n'admet pas, et qui sont connus seulement des personnes lettrées.

CHAPITRE III.

DES PRÉPOSITIONS.

Prépositions affixes; observations sur les prépositions; principales prépositions arabes.

Les prépositions se placent avant les substantifs et les pronoms, et servent à déterminer avec eux le sens de la phrase. Si je dis en effet : ما تقعد شي على الكرسي *ma tqo"d chi a"la-l-koursi* (ne t'assieds pas sur le fauteuil), la préposition على *a"la* indique quel genre de rapport existe entre تقعد *tqo"d* et كرسي *koursi*. Que l'on supprime en effet cette préposition, et la phrase n'a plus de sens.

Les prépositions exercent, comme on le voit, une très-grande influence dans le langage.

Les Arabes ne reconnaissent pas, à proprement parler, de prépositions, puisqu'ils comprennent cette partie de notre discours sous la dénomination de *particules* avec les adverbes, conjonctions, etc. Cependant ils donnent à cette catégorie de *particules* un nom spécial qui justifie l'appellation de *prépositions* que nous leur conserverons pour faciliter nos explications. Ils les nomment *agents des cas indirects*, et expriment très-bien par là leur caractère et leur but.

Il y a en arabe deux prépositions composées d'une seule lettre, qui viennent se placer *devant* le substantif ou le pronom, et s'identifier avec lui. Ce sont :

بِ *bi* (par, avec).

لِ *li* (à, vers).

Il faudra donc bien faire attention si ces lettres, qu'aucun signe particulier ne distingue, constituent l'une des *radicales* du mot, ou si, au contraire, elles lui sont adjointes comme *prépositions.*

Prenons un exemple. Le mot لحدّ, si l'on venait à considérer le ل initial de ce mot comme radical, n'aurait aucune signification, tandis qu'en séparant cette lettre par la pensée, on obtient deux mots لِ *li* et حدّ *hhedd,* le premier *préposition,* le second *substantif;* لحدّ *li-hhedd* signifiera donc : *jusqu'à la limite.*

Les autres principales prépositions, ou *agents des cas indirects,* sont :

إلي *ila* (vers, avec mouvement).

مع *ma''* (avec).

في *fi* (dans).

علي *a''la* (sur).

عند *a''nd* (chez).

عن *a''n* (de), (*ab*, en latin).

من *min* (de), (*ex,* en latin).

Mais à côté de ces prépositions, qui sont les seules auxquelles ils donnent le nom d'*agents des cas indirects*, les Arabes emploient un certain nombre de mots diversement composés pour traduire nos prépositions françaises. Il convient d'en faire connaître les principaux.

Auprès : قريب *qrib,* بالقرب *b-il-qorb.*

Au delà : (pour les choses matérielles) : ورا *ouera.*

— (pour les choses morales) : فوق *fouq.*

Autour : دايرساير علي *daïr sair a''la.*

Avant : قبل *qbel.*

Bas (en) : تحت *tahht,* اسفل *asfel.*

Cause (à — de) : في خاطر *fi khâther,* علي خاطر *a''la khâther.*

Dedans : داخل *dakhel.*

Dehors : خارج *kharedj,* برّا *barra.*

Depuis : من *min,* من مدّة *min medda,* ملّي *melli.*

Derrière : ورا *ouera*, خلف *khalf* (avec le pron. aff.).

Dessous : تحت *tahht*.

Dessus : فوق *fouq*.

Devant : قدّام *qoddâm*.

Excepté : غير *rheïr*.

Entre : بين *bîn*.

Haut (en) : فوق *fouq*.

Hors : برا *barra*, خارج *kharedj*.

Jusqu'à :
Jusqu'à ce que : } حتى *hhatta*.

Loin : بعيد *ba''id*.

— de loin : من بعيد *min ba''id*.

— au loin : في البعد *fi-l-ba''d*.

Parmi : بين *bîn*.

Sans : من غير *min rheir*, بلا *bla*.

Sous : تحت *tahht*.

Vis-à-vis : مقابل *mqâbel*, قدّام *qoddâm*, قبالة *qbâla*.

Observations. Les prépositions, comme nous l'avons dit, viennent en aide aux verbes pour déterminer leur régime lorsqu'il est composé, c'est-à-dire, lorsque l'action du verbe ne s'exerce pas directement sur l'attribut.

Ainsi, dans cette phrase : شفته يحوّس *chouft-ho ihhaoués* (j'ai vu lui il se promène, c'est-à-dire, je l'ai vu se promener), le pronom affixe ه reçoit directement l'action du verbe ; il est par conséquent *régime direct*.

Dans cette autre phrase au contraire : جاء بخوك *dja bi-khou-k* (il est venu avec ton frère), le régime du verbe est *indirect*, puisque l'action ne s'exerce que par l'intermédiaire de la préposition ب.

Il faut bien faire attention à deux choses, en ce qui concerne les prépositions arabes.

1° *Le rapport qui existe entre le verbe et son régime indirect ne s'exprime pas toujours en arabe par la préposition analogue à celle de notre langue.*

2° *Certains verbes qui ont en français un régime direct, ont en arabe un régime indirect et* vice versâ.

On comprend facilement que c'est à l'usage à commenter ces deux observations dont les exemples suivants feront connaître toute la portée.

Je cherche un livre : نفتش علي واحد الكتاب *nfettech a"la ouahhed el-ktab*, — je cherche *sur* un livre.

Dieu vous bénisse : الله يبارك فيك *allah ibarek f-ik*, — Dieu bénisse *dans* toi.

Saluez-le de ma part : سلّم عليه من عندي *sellem a"leï-é min a"nd-i*, — Saluez *sur* lui de chez moi.

Il te craint : يخاف منك *ikhâf min-ak*, — il craint *de* toi.

Je vous baise les mains : نبوس بيديك *nbous bi-iedi-k*, — je baise *sur* tes deux mains.

La préposition arabe présente donc, pour nous français, d'autant plus de difficultés, qu'étant habitués à penser dans notre langue, nous sommes naturellement portés à traduire la préposition française par la préposition arabe analogue, et à ne mettre en arabe une préposition, que là où il y en a une française.

C'est là, nous le répétons, une double difficulté que l'usage peut seul habituer à vaincre.

CHAPITRE IV.

DES CONJONCTIONS.

Principales conjonctions arabes.

La *conjonction,* que les Arabes appellent *particule conjonctive,* est un mot qui sert à lier ensemble les divers membres d'une phrase.

Les principales conjonctions françaises traduites en arabe sont :

Afin que :	باش *bach.*
Car : Cependant :	لكن *lakin,* ولكن *oua lakin.*
C'est-à-dire :	يعني *id'ni.*
Et :	و *oua.*
Mais :	لكن *lakin.*
Ou :	أو *aou,* والّا *ou illa.*
Ni :	ولا *oua la.*
Parce que :	علي خاطر *a''la khathar.*
Que :	اللّي *elli,* أن *en,* بلّي *belli.*
Quand même : Quoique :	ولو *oua lou.*
Si :	اذ *iz,* اذا *ida,* لوكان *lou kân.*
Soit (répété) :	يا *ia.*

CHAPITRE V.

DE L'INTERJECTION.

Principales interjections arabes.

L'*interjection* est un mot, ou plutôt un son qui exprime un sentiment subit éprouvé par l'âme. C'est un cri qui lui échappe quand la pensée ne vient pas assez vite à son aide pour exprimer la sensation qui l'émeut.

On comprendra facilement, dès lors, que le sens de la plupart de ces interjections ne peut bien se saisir que par la prononciation, et par le geste qui accompagne toujours l'émission de ces monosyllabes.

Voici les principales interjections arabes.

Ah !	اه *ah.*
Aïe !	أخ *akh.*
Allons ! courage !	ايها *aïha.*
Fi !	أخ *akh.*
Hé?	يا *ia,* اسمع *esma".*
Hélas !	أخ *akh.*
Oh !	ياه *iah* (prononcé avec étonnement).
Voyons !	ارا *ara,* تري *tra.*

LIVRE QUATRIÈME.

OBSERVATONS SUR LA SYNTAXE.

De la concordance. — De l'interrogation ; ses règles. — De la négation ; ses règles.

L'arabe parlé, ainsi que nous l'avons dit, ne diffère de la langue régulière que par l'inobservation d'une partie des règles de la grammaire, et aussi, par l'emploi de certaines expressions particulières à chacun des pays où cette langue est usitée.

Nous avons fait connaître, en traitant chacune des parties du discours, les principes qui les régissent spécialement ; il ne nous reste plus que peu de mots à dire sur quelques règles dont nous n'avons point encore parlé. Nous plaçons en premier lieu celles de la *concordance*.

§ 1er. — DE LA CONCORDANCE.

Les noms dont on se sert pour désigner les êtres et les choses sont susceptibles de divers genres et de divers nombres.

Or, les *adjectifs*, les *pronoms* et les *verbes* étant destinés soit à qualifier, soit à remplacer les *substantifs*, soit enfin à exprimer leur mode d'être ou d'action, il s'ensuit que les *adjectifs*, les *pronoms* et les *verbes* doivent suivre les différentes variations des noms, et par conséquent s'accorder avec eux en *genre* et en *nombre*, et pour les pronoms et les verbes en *personne*.

Ces principes de concordance sont communs à notre langue et à la langue arabe.

D'où l'on peut poser cette règle :

Que l'adjectif, le pronom et le verbe doivent prendre le même genre et le même nombre que les substantifs auxquels ils se rapportent.

Comme explication de cette règle, prenons pour exemple la phrase suivante :

اليوم	مريض	شفته	البارحة	عندك	جاء	الّي	الرجل
el-ioum	*mridh*	*chouft-ho*	*el-barkha*	*a''nd-ak*	*dja*	*elli*	*er-radjel*
aujourd'hui	malade	j'ai vu lui	hier	chez toi	est venu	lequel	l'homme

En analysant un à un les mots de cette phrase, on verra qu'ils sont en concordance les uns avec les autres.

الرجل (l'homme) ; sujet de la phrase, est au singulier masculin.

الّي (lequel); pronom relatif se rapportant à رجل, est invariable.

جاء (est venu) ; verbe se rapportant à رجل, est en conséquence au singulier masculin, 3e personne.

عندك (chez toi) ; عند préposition. ك pronom personnel affixe masculin, 2e personne.

البارحة (hier) ; locution adverbiale.

شفته (j'ai vu lui) شفت; 1re personne masculin prétérit du verbe شاف ه pronom affixe, se rapportant à رجل, est par conséquent à la 3e personne singulier masculin.

مريض (malade) ; adjectif se rapportant à رجل, est au singulier masculin.

اليوم (aujourd'hui) ; locution adverbiale.

Si au contraire, au lieu de parler d'un homme, on eût parlé d'une femme, les adjectifs, pronoms, verbes, auraient dû être au féminin. Ex. :

اليوم	مريضة	شفتها	البرحة	عندك	جاءت	الّي	المرة
el-ioum	*mridha*	*chouft-ha*	*el-barkha*	*a''nd-ak*	*djat*	*elli*	*el-mra*
aujourd'hui	malade	j'ai vu elle	hier	chez toi	est venue	laquelle	la femme

En analysant comme nous l'avons fait plus haut les termes de cette seconde proposition, on verra qu'ils sont en concordance avec le sujet.

Exceptions. Lorsque le sujet d'un verbe est un pluriel exprimant des êtres *non raisonnables*, ou un pluriel *irrégulier*, ou enfin un *nom collectif*, les mots qui se rapportent au sujet se mettent élégamment *en écrivant* au féminin singulier, au lieu de se mettre au pluriel.

Mais il est à remarquer que lorsque l'on emploie ainsi le féminin singulier, le verbe se place avant le sujet.

Lorsque ces nouvelles arrivèrent : وقت الّي وصلت هذه الاخبار *ouaqt elli ouçlat had el-akhbar*, — temps lequel *arriva* ces nouvelles.

Les Musulmans se cachèrent dans leurs demeures : فاختفت الاسلام في منازلهم *fa-ekhtafat al-islâm fi mnâzel-hom*, — or *se cacha* les musulmans dans demeures leurs.

Les troupes sortirent de la ville : خرجت العسكر من البلاد *khardjet el-a''sker min el-blad*, — *est sorti* les troupes de la ville.

Cette forme de singulier s'emploie principalement pour donner de la rapidité à la narration, et équivaut au présent employé dans notre langue pour traduire un temps passé.

On ne trouve guère d'exemple de cette exception aux règles de la concordance que dans le style écrit.

§ 2. — DE L'INTERROGATION.

Pour exprimer l'interrogation en arabe, il faut distinguer si la phrase contient déjà une particule interrogative ou non.

1° *Si la phrase contient déjà une particule interrogative*, comme قدّاش *qaddach* (combien ?), اش *ach* (quoi ?), فاين *fein* (où ?), علاش *a''lach* (pourquoi ?), on construit comme s'il n'y avait pas d'interrogation. L'interrogation est dans la voix. Ex. :

Que dites-vous ?	اش تقول	*ach tqoul ?*
Où vas-tu ?	فاين تمشي	*fein temchi ?*
Pourquoi l'as-tu frappé ?	علاش ضربته	*a''lach dhrabt-ho ?*
Combien vends-tu cela ?	قدّاش تبيع هذا	*qaddach tbi''hada ?*

2° Si, au contraire, *la phrase ne contient pas de particule interrogative*, on place le mot شي *chi* (*chose*) après le verbe, sans tenir compte du pronom affixe qui pourrait être joint à ce dernier.

L'as-tu vu? شفته شي *chouft-ho-ch?*
Sont-ils bien portants? راهم شي بخير *ra-houm chi bi-kheir?*
Voulez-vous boire? تحب شي تشرب *tehheub chi techrob?*

On a vu plus haut que lorsqu'une phrase contenait déjà une particule interrogative, comme علاش *a''lach,* on construisait sans le mot شي *chi* (chose).

Cela est vrai lorsque la proposition est *positive*, comme dans les exemples ci-dessus. Si au contraire elle est *négative*, on doit se servir de la particule ما *ma* (pas) et du mot شي *chi* (chose) en intercalant le verbe entre ces deux mots et en exprimant d'ailleurs la particule interrogative.

Pourquoi ne l'as-tu pas frappé? علاش ما ضربته شي *a''lach ma dhrabt-ho-ch.*

§ 3. — DE LA NÉGATION.

La négation s'exprime en arabe d'une façon extrêmement simple. *Elle se rend de la même manière que les phrases interrogatives négatives*, l'inflexion de la voix indiquant seule qu'il y a ou non interrogation.

La négation se traduit donc par les mots ما *ma* (pas) et شي *chi* (chose), entre lesquels on intercale le verbe (1).

Je ne l'ai pas vu : ما شفته شي *ma chouft-ho-ch.*
Ils ne sont pas bien portants : ما راهم شي بخير *ma ra-hom-chi bi-kheir.*
Que cela ne vous fâche pas : ما يغيظك شي الحال *ma irhidh-ek-chi el-hhal.*

Souvent dans la rapidité de la prononciation, les Arabes ne font pas entendre l'*i* final du mot *chi*, lorsque ce mot se trouve à la fin d'une phrase.

Ils prononceront donc :

ما تحب شي *ma tehheub-ch* (tu ne veux pas).
ما قلت له شي *ma qolt lo-ch* (je ne lui ai pas dit).

(1) Voir ci-dessus la page 76.

EXERCICES.

Nous avons cru qu'il était utile de placer la pratique à côté de la théorie; c'est dans ce but qu'ont été formulés les excercices qui terminent cette grammaire.

Le *premier* est l'analyse des divers mots d'une lettre arabe.

Nous ne saurions trop recommander au commençant de s'habituer dès le principe à décomposer chaque mot. Au bout de quelques jours il pourra s'assurer par lui-même de quelle utilité est le conseil que nous lui donnons ici. C'est, en effet, par l'analyse seule, c'est en remontant aux racines des mots, que l'on peut être certain de leur sens véritable, et par conséquent s'identifier à la pensée de l'interlocuteur ou de l'écrivain.

Nous avons eu soin de mettre la traduction sous chaque mot arabe, et de séparer par des *virgules* les mots français qui se rapportent au mot arabe correspondant.

Nous avons à peine besoin d'ajouter que la traduction doit être lue, comme l'arabe, de droite à gauche, en liant toutefois ensemble les mots placés entre deux virgules.

On prononcera donc : *la louange, à dieu, lui unique, et, pas, dieu, autre que lui*, etc.

Le *deuxième exercice* se compose d'un dialogue sur des sujets de conversation usuelle.

Le *troisième exercice*, enfin, est un dialogue sur des matières plus spéciales aux militaires et aux personnes chargées de l'administration du pays arabe.

Dans ces deux derniers exercices, nous avons cherché à faire comprendre, autant que possible, la construction de la phrase arabe, et à signaler les principaux idiotismes de cette langue.

PREMIER EXERCICE.

Traduction et analyse d'une lettre écrite par le kaïd de la tribu des Arib à M. Drouet d'Erlon, ancien Gouverneur général de l'Algérie (1).

الحمد	للّه	وحده	و	لا	إله	غيره	و	لا	معبود
la louange,	*à dieu,*	*lui unique,*	*et,*	*pas,*	*dieu,*	*autre que lui,*	*et,*	*pas,*	*adoré,*

سواه	إلي	مَن	ولّاه
sinon lui,	*à,*	*celui que,*	*a préposé lui,*

ANALYSE. Racine.

		Racine
الحمد :	Composé de l'art. ال, et du subst. sing. masc. حمد	حمد
للّه :	Contraction pour ل prép.; ال art.; et اله subst. sing. masc.	اله
وحده :	وحد adj. sing. masc.; ه pron. pers. affixe 3e p. sing. masc.	وحد
و :	Conjonction.	»
لا :	Particule négative.	»
اله :	Subst. sing. masc.	اله
غيره :	غير adj. sing. masc.; ه (voir ci-dessus).	غار
و :	Conjonction.	»
لا :	Particule négative.	»
معبود :	Part. pass. sing. masc.	عبد
سواه :	سوا adverbe; ه (voir ci-dessus).	سوي
إلي :	Préposition.	»
مَن :	Pron. rel. s'appliq. à tous les genres et à tous les nombres.	»
ولّاه :	ولّا 3e pers. sing. masc. prét., 2e forme du verbe déf. ولا (ه voir ci-dessus).	ولا

(1) Cette lettre est la même que celle dont la prononciation est figurée page 21.

اللّه في ارضه و ملّكه امور عباده الذي قلبه حليم و

et, doux, son cœur, lequel, de ses serviteurs, affaires, a fait gouverner lui, et, sa terre, sur, dieu

فعله كريم و شانه عظيم و قدره واضح جسيم السلطان المفخّم

le glorieux, le sultan, grande, évidente, sa puissance, et, sublime, son rang, et, noble, son action

---

ANALYSE.

		Racine.
اللّه :	Contraction pour ال art. et اله subst. sing. masc.	اله
في :	Prép.	»
ارضه :	أرض Subst. sing. fém.; ه (voir ci-dessus).	ارض
و :	Conjonction.	»
ملّكه :	3e pers. sing. masc. prét., 2e for. du verbe ملك; ه (voir ci-dessus).	ملك
امور :	Subst. plur. masc. (sing. امر).	امر
عباده :	عباد Subst. plur. masc. (sing. عبد); ه (voir ci-dessus).	عبد
الذي :	Pron. relat. masc. sing.	»
قلبه :	قلب Subst. sing. masc.; ه (voir ci-dessus).	قلب
حليم :	Adj. sing. masc.	حلم
و :	Conj.	»
فعله :	فعل Subst. sing. masc.; ه (voir ci-dessus).	فعل
كريم :	Adj. sing. masc.	كرم
و :	Conj.	»
شانه :	شان Subst. sing. masc.; ه (voir ci-dessus).	شان
عظيم :	Adj. sing. masc.	عظم
و :	Conj.	»
قدره :	قدر Subst. sing. masc.; ه (voir ci-dessus).	قدر
واضح :	Part. prés. sing. masc. dér. du verbe prim. (adj. verb.)	وضح
جسيم :	Adj. sing. masc.	جسم
السلطان :	ال Art. سلطان subst. sing. masc.	سلط
المفخّم :	ال Art.; مفخّم part. actif sing. masc. de la 2e forme.	فخم

الاسعد خليفة الفرنساوية حاكم بلاد الجزاير اعانه الله

dieu, aide lui, d'Alger, ville, gouverneur, des français, représentant, le plus heureux

و حماه امين السلام عليك يا مالك الزمان و سلطان العصر

du siècle, sultan, et, du temps, roi, ô, sur toi, le salut, amen, protège lui, et

---

ANALYSE.

		Racine.
الاسعد :	ال Art.; اسعد compar. de l'adj. سعيد (الاسعد superl.) (1).	سعد
خليفة :	Subst. sing. masc.	خلف
الفرنساويه :	ال Art.; فرنساويه subst. propre plur. masc.	»
حاكم :	Part. prés. (adj. verb.) sing. masc. du verbe primitif.	حكم
بلاد :	Subst. plur. masc. employé ici comme sing.	بلد
الجزاير :	ال Art.; جزاير nom propre (plur. de جزيرة île).	جزر
اعانه :	اعان 3e pers. sing. masc. prét. de la 4e forme du verbe conc. عان ; ه (voir ci-dessus).	عان
الله :	(Voir ci-dessus).	اله
و :	Conj.	»
حماه :	حما 3e pers. sing. masc. prét. du verbe défect. حما ; ه (voir ci-dessus).	حما
امين :	Sorte d'interjection.	امن
السلام :	ال Art.; سلام subst. sing. masc.	سلم
عليك :	علي Prép.; ك pron. pers. affixe 2e pers. sing. masc.	علا
يا :	Interj.	»
مالك :	Participe prés. sing. masc. du verbe prim. ملك (adj. verb.)	ملك
الزمان :	ال Art.; زمان subst. sing. masc.	زمن
و :	Conj.	»
سلطان :	Subst. sing. masc.	سلط
العصر :	ال Art.; عصر subst. sing. masc.	عصر

(1) Voir page 106.

و الاوان اخلد اللّه دولتك و انالك بطول الاعمار .
de la vie, tout le long (1), *accorde à toi, et, ton empire, dieu, perpétue, du temps, et*

و انفذ حُكمك بجاه السادات الابرار ابعد اللّه عنّا
de nous, dieu, éloigne, les purs, des hommes, par puissance, ton ordre, fasse exécuter, et

---

ANALYSE. Racines

		Racines
و :	Conj.	»
الاوان :	ال Art.; اوان subst. sing. masc.	أان
اخلد :	3e pers. sing. masc. du prét. de la 4e forme du verbe خلد	خلد
اللّه :	(Voir ci-dessus).	اله
دولتك :	دولة Subst. sing. fém.; ك pronom pers. aff. 2e pers. sing. masc.	دال
و :	Conj.	»
انالك :	3e pers. sing. masc. du prét. de la 4e forme du verbe conc. نال.; ك (voir ci-dessus).	نال
بطول :	ب Prép.; طول subst. sing. masc.	طال
الاعمار :	أل Art.; أعمار subst. plur. masc. (sing. عمر).	عمر
و :	Conj.	»
انفذ :	3e pers. sing. masc. prét. de la 4e forme du verbe نفذ.	نفذ
حُكمك :	حكم Subst. sing. masc.; ك (voir ci-dessus).	حكم
بجاه :	ب Prép.; جاه mot tiré du persan.	»
السادات :	اَل Art.; سادات subst. plur. mas. (sing. سيد)	ساد
الابرار :	ال Art.; ابرار adj. plur. masc. (sing. برّ)	برّ
ابعد :	3e pers. sing. masc. du prét. de la 4e forme du verbe بعد	بعد
اللّه :	(Voir ci-dessus).	اله
عنّا :	عن Prép.; نا pron. pers. aff. plur. 1re pers.	»

(1) بطول mot à mot *par longueur*, signifie *tout le long*, c'est-à-dire *une longue vie*.

و عنك جميع الاشرار يليه ايها السلطان فانه اتانا

est venue à nous, certes que, le sultan, ô, suit cela, les maux, tous, de toi, et

الاعزّ كتابك و الاكرم خطابك في الكزيطة و

et, la gazette, dans, ton discours, le très honoré, et, ta lettre, la très chère,

اجتمعنا عليه و فراناه

nous avons lu lui, et, sur lui, nous nous sommes réunis

	ANALYSE.	Racine.
و :	Conj.	»
عنك :	عن Prép.; ك pron. pers. aff. 2e pers. sing.	»
جميع :	Adj. sing. masc.	جمع
الاشرار :	ال Art.; اشرار subst. plur. masc. (sing. شرّ)	شرّ
يليه :	يلي 3e pers. sing. du prét. du verbe défect. ولي, ه (voir ci-dessus).	ولي
فانه :	ف Particule; أن conj.; ه (voir ci-dessus).	»
اتانا :	أتا 3e pers. sing. masc. du verbe défect. اتي; نا pron. pers. aff. plur. 1re pers.	اتي
الاعزّ :	ال Art.; اعزّ compar. de l'adj. عزيز (الاعزّ est le superl.).	عزّ
كتابك :	كتاب Subst. sing. masc. ك pron. pers. aff. masc. 2e pers.	كتب
و :	Conj.	»
الاكرم :	ال Art.; اكرم comp. de l'adj. كريم (الاكرم est le superl.)	كرم
خطابك :	خطاب Subst. sing. masc.; ك (voir ci-dessus).	خطب
في :	Prép.	»
الكزيطة :	ال Art.; كزيطة subst. français arabisé.	»
و :	Conj.	»
اجتمعنا :	1re pers. plur. du prét. de la 8e forme du verbe جمع.	جمع
عليه :	علي Prép.; ه (voir ci-dessus).	علا
و :	Conj.	»
فراناه :	فرانا 1re pers. plur. prét. du verbe فرا; ه (voir ci-dessus.)	فرا

و ڢهمنا معناه ڢعلي الراس وضعناه (1) و بالفمّ

avec la bouche, et, nous avons placé lui, la tête, or sur, son sens, nous avons compris, et

فبلناه و ڢرحنا بهِ و عظمناه

nous avons honoré lui, et, sur lui, nous nous sommes réjouis, et, nous avons baisé lui

كثيراً بقدومك الي

vers, à cause de la venue; beaucoup,

ANALYSE.

		Racine
و :	Conj.	»
ڢهمنا :	1re pers. plur. prét. du verbe ڢهم.	ڢهم
معناه :	معنا Subst. sing. masc. dérivant du verbe défect. عني; ه (voir ci-dessus).	عني
ڢعلي :	ڢ Part.; علي prép.	علا
الراس :	ال Art.; راس subst. sing. masc. fait au plur. روؤس.	راس
وضعناه :	وضعنا 1re pers. prét. du verbe prim. وضع ; ه (v. c.-d.).	وضع
و :	Conj.	»
بالفمّ :	ب Prép.; ال art.; فمّ subst. sing. masc.	فمّ
فبلناه :	1re pers. plur. du prét. du verbe prim. فبل; ه (v. c.-d.).	فبل
و :	Conj.	»
ڢرحنا :	1re pers. plur. du prét. du verbe prim. ڢرح.	ڢرح
بهِ :	ب Prép.; ه (voir ci-dessus).	»
و :	Conj.	»
عظمناه :	عظمنا 1re Pers. plur. du prét. du verbe prim. عظم; ه (voir ci-dessus).	عظم
كثيراً :	Adv.	كثر
بقدومك :	ب Prép.; قدوم subst. sing. masc.; ك pron. pers. aff. 2e pers.	قدم
الي :	Prép.	»

(1) Idiotisme pour signifier *recevoir avec honneur.*

بلادنا بحكم العدل و الحق نطلب من الله تعالي

il est très haut, dieu, de, nous demandons, d'équité, et de justice, avec gouv^t., notre pays

يفتح لك الابواب والله لقد اسررنا ذلك و شكرنا

nous avons remercié dieu, et, cela, a réjoui nous, déjà, par dieu, les portes, à toi, qu'il ouvre

---

ANALYSE. Racine.

		Racine
بلادنا :	بلاد Subst. plur. fém. (sing. بلد) (1); نا pron. pers. aff. plur. 1re pers.	بلد
بحكم :	ب Prép.; حكم subst. sing. masc.	حكم
العدل :	ال Art.; عدل subst. sing. masc.	عدل
و :	Conj.	»
الحق :	ال Art.; حق subst. sing. masc.	حق
نطلب :	1re pers. sing. de l'aoriste du verbe prim. طلب.	طلب
من :	Prép.	»
الله :	(Voir plus haut.)	اله
تعالي :	3e pers. sing. masc. prét. de la 6e forme dérivée du verbe علا.	علا
يفتح :	3e pers. sing. masc. aoriste du verbe فتح.	فتح
لك :	ل Prép.; ك pron. pers. aff. sing. 2e pers. masc.	»
الابواب :	ال Art.; ابواب subst. plur. masc. (sing. باب).	باب
والله :	و Part.; والله mot formé de la conj. و et du subst. الله; fait l'office d'interj.	اله
لقد :	Adv.	»
اسررنا :	1re pers. plur. prét. de la 4e forme dérivée du verbe sourd سرّ	سر
ذلك :	Pron. démonst. sing. masc.	ذلك
و :	Conj.	»
شكرنا :	1re pers. plur. prét. du verbe prim. شكر.	شكر

(1) En Algérie on emploie le pluriel de ce mot comme singulier.

علي ما اولاكم هنالك الولاية السعيدة و نعلّموك به

sur cela, nous t'apprenons, et, fortuné, à un gouvt. (1), ici, il a préposé vous, ce que, sur

ها نحن سامعين لإمرك طايعين خاضعين جماعة عريب

des Arib, la réunion, soumis, obéissant, à ton ordre, écoutant, nous, voici

---

ANALYSE. Racine.

علي : Prép. »

ما : Particule pronominale. »

اولاكم : اولا 3e pers. sing. masc. 4e forme du verbe défect. ولا ; كم pron. pers. aff. plur. 2e pers. اولا

هنالك : Adverbe. »

الولاية : ال Art. ولاية subst. sing. fém. ولا

السعيدة : ال Art.; سعيدة adj. sing. fém. سعد

و : Conj. »

نعلّموك : نعلّموا 1re pers. plur. aor. de la 2e forme de علم ; ك pron. pers. aff. 2e pers. علم

به : ب Prép.; ه (voir ci-dessus.) »

ها : Adv. »

نحن : Pron. pers. plur. 1re pers. »

سامعين : Participe prés. plur. masc. (adj. verb). سمع

لإمرك : لِ Prép.; امر subst. sing. masc.; ك pron. pers. (voir ci-dessus). امر

طايعين : Participe prés. plur. masc. (adj. verb.) du verbe conc. طاع طاع

خاضعين : Participe prés. plur. masc. (adj. verb.) du verbe خضع. خضع

جماعة : Subst. sing. fém. جمع

عريب : Nom propre. »

(1) ولاية pourrait encore être entendu dans le sens de *province, pays à gouverner.*

الفاطنين براسوطا كلهم و لا زايد بعد هذا سوا حبّنا و

et, notre amitié, sinon, cela, après, excédant, pas, et, eux tous, à Rassauta, les habitants

السوال الكثير منّا عن كلّيّة احوالك المرضية و

et, prospères, de tes affaires, totalité, de, de nous, la nombreuse, la demande

---

	ANALYSE.	Racine.
الفاطنين :	ال Art.; فاطنين participe prés. plur. masc. (adj. verb.) du verbe. فطن.	فطن.
براسوطا :	ب Prép.; راسوطا nom propre.	»
كلّهم :	كلّ Adj. sing. masc.; هم pron. pers. aff. 3e pers. plur.	كلّ
و :	Conj.	»
لا :	Adv.	»
زايد :	Participe prés. sing. masc. du verbe conc. زاد (aor. يزيد).	زاد
بعد :	Adv.	بعد
هذا :	Pron. démonst. sing. masc.	»
سوا :	Adv.	سوي
حبّنا :	حبّ Subst. sing. masc. dérivant du verbe sourd حبّ ; نا pron. pers. plur. 1re pers.	حبّ
و :	Conj.	»
السوال :	ال Art.; سوال subst. sing. masc. dérivant du verbe hamzé سأل.	سأل
الكثير :	ال Art.; كثير adj. sing. masc.	كثر
منا :	من Prép.; نا pron. pers. aff. 1re pers. plur.	»
عن :	Prép.	»
كلّية :	Subst. sing. fém.	كلّ
احوالك :	احوال Subst. plur. masc. (sing. حال); ك pron. pers. aff. 2e pers. masc.	حال
المرضية :	ال Art.; مرضية adj. sing. fém.	رضي
و :	Conj.	»

يعود السلام منّا علي جميع اهل ديوانك و حكامك و في

dans, et, tes chefs, et, de ton conseil, les gens, tous, sur, de nous, le salut, soit renouvelé

هذه كفاية و السلام ممّن كُتب عن اذنه محبّكم و

et, votre ami, sa permission, par, a été écrit, de celui, le salut, et, suffisance, cela

---

	ANALYSE.	Racine.
يعود :	3e pers. sing. masc. aor. 4e forme dér. du verbe conc.	عاد
السلام :	ال Art.; سلام subst. sing. masc.	سلم
منّا :	مِن Prép.; نا pron. pers. aff. 1re pers. plur.	»
علي :	Prép.	علا
جميع :	Adj. sing. masc.	جمع
اهل :	Subst. sing. masc. (nom collectif).	اهل
ديوانك :	ديوان Subst. sing. masc. tiré du turc; ك (voir ci-dessus).	»
و :	Conj.	»
حكامك :	حكام Subst. plur. masc. (sing. حاكم); ك (voir ci-dessus).	حكم
و :	Conj.	»
في :	Prép.	»
هذا :	Pron. dém. sing. masc.	»
كفاية :	Subst. sing. fém. provenant du verbe déf.	كفي
و :	Conj.	»
السلام :	ال Art.; سلام subst. sing. masc.	سلم
ممّن :	Part. pron.	»
كُتب :	3e pers. sing. masc. prét. du passif du verbe كتب.	كتب
عن :	Prép.	»
اذنه :	اذن Subst. sing. masc.; ه pron. pers. aff. 3e pers.	اذن
محبّكم :	Participe sing. masc. dérivant du verbe sourd حبّ; كم pron. pers. aff. 2e pers. plur.	حبّ
و :	Conj.	»

مزيد الخير اليكم السيد الحاج (1) مسعود بن زكري فايد

(2) *qaïd, de Zekri, fils, Msaoud, le pèlerin, le seigneur, à vous, le bien, désirant*

عريب لطو الله بالجميع امين * بتاريخ يوم الاربعة

(3) *quatre, (du) jour, à la date, amen, à tous, dieu, soit propice, des Arib*

ANALYSE.

		Racine.
مزيد :	Participe sing. masc. (adj. verb.) dérivé de la 4e forme du verbe conc.	راد
الخير :	ال Art.; خير subst. sing. masc.	خار
اليكم :	(Composé de الي et كم) الي prép.; كم pron. pers. aff. 2e pers. plur.	»
السيد :	ال Art.; سيد subst. sing. masc.	ساد
الحاج :	ال Art.; حاج participe prés. sing. masc. (adj. verb.) provenant du verbe sourd	حج
مسعود :	Nom propre.	»
بن :	Subst. sing. masc.	بنا
زكري :	Nom propre.	»
فايد :	Part. prés. sing. masc. (adj. verbal) du verbe concave	فاد
عريب :	Nom propre.	»
لطو :	3e pers. sing. masc. prét.	لطو
الله :	(Pour ال et اله) ال art. اله subst. sing. masc.	اله
بالجميع :	Composé de ب prép.; ال art.; جميع adj. sing. masc.	جمع
امين :	Sorte d'interjection, répondant au mot *amen.*	امن
بتاريخ :	Composé de ب prép.; et تاريخ subst. sing. masc.	ارخ
يوم :	Subst. primitif sing. masc. (plur. أيام)	يوم
الاربعة :	ال Art.; أربعة nombre cardinal.	ربع

(1) حاج *pèlerin,* qualification dont tous ceux qui ont été en pèlerinage à la Mekke font précéder leur nom.

(2) فايد le *kaïd* est un fonctionnaire indigène.

(3) يوم الاربعة *le jour quatre,* c'est-à-dire mercredi.

من جمادي الثانية سنة ١٢٥٠ ❀

1250. *an, le second, djemada, de*

ANALYSE. Racine.

مِن	: Prép.	»
جمادي	: Subst. sing. fém.	جمد
الثانية	: ال art.; ثانية nom de nombre ordinal fém. sing.	ثني
سنة	: Subst. sing. fém.	سنا
١٢٥٠	: 1250.	»

TRADUCTION

DE LA LETTRE PRÉCÉDENTE (1)

Louange au Dieu unique! Il n'est point d'autre Dieu que lui; nul autre n'est digne d'adoration.

A celui que Dieu a revêtu dans son univers de la puissance suprême et auquel il a confié les affaires de ses serviteurs; à celui dont le cœur est doux, les actions nobles, le rang illustre, le pouvoir vaste et incontestable; au glorieux et fortuné sultan, représentant de la nation française, gouverneur de la ville d'Alger. Que Dieu l'assiste de son secours et de sa protection ! Amen.

Que le salut soit sur vous, ô souverain du temps, sultan des siècles et des périodes! Que Dieu maintienne sans cesse votre gouvernement, vous favorise d'une longue vie et fasse exécuter vos décrets par les mérites des hommes intègres ; qu'il éloigne de nous et de vous tous les maux.

(1) La traduction de cette lettre est tirée de la chrestomathie arabe de M. Bresnier. Après avoir emprunté à cet intéressant recueil la pièce qui a fait l'objet de l'un de nos exercices, nous n'avons pas cru qu'il convînt d'offrir une autre traduction que celle de M. Bresnier lui-même; car après M. Bresnier il n'y a plus à traduire.

O sultan ! votre très-cher écrit, votre très-auguste discours nous est parvenu par la gazette ; nous nous sommes rassemblés pour l'entendre ; nous l'avons lu, nous en avons compris le sens, nous l'avons placé sur notre tête et baisé de notre bouche. Nous l'avons reçu avec le plus grand accueil, et nous nous sommes réjouis de votre arrivée dans notre pays pour y faire régner la justice et l'équité. Je demande au Dieu très-haut qu'il vous ouvre les portes (du paradis). Oui certes, votre avénement nous a réjouis, et nous nous sommes félicités de ce que Dieu vous a revêtu ici du gouvernement fortuné ; nous nous empressons de vous déclarer que nous sommes prêts à recevoir vos ordres, auxquels nous nous soumettons entièrement, nous et toute la tribu des Arib qui demeurent à la Rassauta.

Il ne nous reste plus rien à ajouter, après ce qui précède, qu'à vous témoigner de notre amitié et à vous présenter les vœux nombreux que nous formons pour votre auguste personne.

Que notre salut se reproduise sur toutes les personnes qui composent votre conseil, ainsi que sur tous les membres de votre administration. Et cela est suffisant.

Salut de la part de celui par l'ordre duquel la présente lettre a été écrite (1), votre ami, qui vous souhaite le bonheur, El-hadj Msaoud ben Zekri, Kaïd des Arib. Que Dieu soit favorable à tous. Amen.

Mercredi djumada second de l'an 1250 (de l'Hégire ; 1834 de l'ère chrétienne).

(1) La plupart des chefs arabes n'écrivent pas eux-mêmes leurs lettres, par la raison bien simple que très-souvent ils ne le sauraient pas ; nous pourrions citer pour exemple Bou-Maza, qui ne sait pas même lire. Ils ont des secrétaires (خوجه *khodja*) qui écrivent, soit sous leur dictée, soit d'après les instructions qui leur sont données. La lettre terminée, le chef l'approuve, non point en y apposant sa signature, mais en plaçant en tête l'empreinte d'un cachet qu'il porte toujours sur lui.

Lorsque les lettres ne sont pas écrites par celui qui les adresse, on y trouve souvent cette formule : *Le salut de la part de celui par l'ordre duquel cette lettre a été écrite.*

DEUXIÈME EXERCICE.

DIALOGUE sur un sujet familier (1).

1 Hassan ! on frappe à la porte ; vois qui c'est.	١ يا حسن راهم يدقدقوا في الباب شوف من هو *
O Hassan ! ils sont ils frappent dans la porte vois qui lui.	ia hhassan ra-hom idaqdaqou fi l- bâb chouf men houa.
2 Je descends.	٢ راني نهبط *
Je suis je descends.	ra-ni nehboth.
3 Si Kaddour me demande, tu lui diras que je suis sorti.	٣ لو كان سي قدور يسقسي علي تقول له بلي خرجت *
Si a été sy Kaddour il demande sur moi tu diras à lui que je suis sorti.	lou kân si qaddour isaqsi aleï-a tqoul l-o belli kharedjt.
4 Qui est-ce?	٤ اش كون (2).
Quoi est?	ach koun.

(1) Le mode adopté pour l'impression de ce dialogue et du suivant nous paraît de nature à faciliter l'intelligence de la construction arabe. La première colonne de gauche comprend la *traduction régulière* du texte arabe. Immédiatement au-dessous, nous avons reproduit la traduction *mot pour mot* de la même phrase.

Au-dessous du texte arabe, la *prononciation* se trouve représentée en caractères français, d'après le système de transcription adopté par nous.

Chaque ligne du *mot à mot* et de la *transcription* correspond exactement, ligne pour ligne, au texte arabe. Par conséquent, la première ligne arabe est reproduite, quant au mot à mot, dans la première ligne en italique, et, quant à la prononciation, dans la ligne au-dessous du texte.

Nous ferons remarquer, en outre, que, lorsque dans la transcription de l'arabe en caractères français, on rencontrera des mots joints par des traits d'union, cela voudra dire que le mot arabe se compose de plusieurs mots incorporés dans un seul. Ex. : الكتاب *al-ketab* (le livre).

(2) Contraction pour اش، يكون *ach ikoun* (quoi est).

5 Sid Ahmed ben Moustafa.	٥ سيد احمد بن مصطفي *
Sid Ahmed ben Moustafa.	sid abhmed ben mouçthafa.
6 Fais-le entrer.	٦ فل له يدخل *
Dis à lui il entrera.	qol l-o idkhol.
7 Soyez le bien-venu, sid Ahmed; je suis heureux de vous voir. Comment vous portez-vous?	٧ مرحبا بك يا سيد احمد زارتنا البركة اش انت و اش حالك *
La bien venue sur vous ô sid Ahmed a visité nous la bénédiction comment toi et comment ton état?	merhhaba b-ak ia sid ahhmed zâret-na el-barka ach enta ou-ach hhal-ak?
8 Très-bien, je vous remercie; et vous?	٨ بخير الله يسلّمك و انت بخير *
Avec le bien Dieu conserve toi et toi avec le bien?	bi-kheïr allah isellem-ak oua enta bi-kheïr?
9 Il y a longtemps que je ne vous ai vu.	٩ بالزاف ملّي شفتك *
Beaucoup depuis que j'ai vu toi.	b-iz-zaf melli chouft-ak.
10 J'étais à la campagne.	١٠ كنت في الجنان *
J'étais dans la campagne.	kount fi d-djenân.
11 Comment se porte-t-on chez vous?	١١ اش حالهم في الدار(1).
Quoi leur état dans la maison?	ach hhâl-hom fi d-dâr.
12 Mon fils est indisposé.	١٢ وليدي شوية مريض *
Mon fils un peu malade.	oulid-i chouïa mridh.
13 Qu'a-t-il?	١٣ اش بِه *
Quoi sur lui?	ach b-ih?
14 Il a mal à la tête.	١٤ الراس يوجعه *
La tête fait souffrir lui.	er-râs ioudja''-ho.
15 Il n'a point de fièvre?	١٥ ما أخذته شي الحمّي *
Pas a pris lui chose la fièvre?	ma akhdet-ho chi al-homma?

(1) دار *maison* est pris ici dans le sens de *domus* des latins. La *maison*, c'est-à-dire, les personnes qui l'habitent, parents et serviteurs.

16 Non ; il a seulement mal à la tête.	١٦ لا الراس يوجعه بركة *
Non la tête fait souffrir lui seulement.	la er-râs ioudja''-ho barka.
17 Ce ne sera rien.	١٧ لا باس الله يشفيه *
Pas malheur Dieu guérira lui.	la bâs allah iechfi-h.
18 Plaise à Dieu !	١٨ ان شآ الله *
S'il a plu à Dieu.	in cha llah.
19 Je vais à la Rassauta, voulez-vous venir avec moi ?	١٩ راني نمشي الي راسوطا تحب شي تجي معي *
Je suis je vais à Rassauta tu veux chose tu viendras avec moi.	ra-ni nemchi ila rasoutha tehheub chi tedji ma-ïa ?
20 Volontiers.	٢٠ ما ذا بيّ (1).
Combien cela sur moi.	ma da bi-a.
21 Hassan, amenez-nous deux chevaux.	٢١ يا حسن جب لنا زوج خيل *
O Hassan amène à nous couple (de) chevaux.	ia hhassan djibb le-na zoudj kheil.
22 Je les ai amenés.	٢٢ جبتهم *
J'ai amené eux.	djebt-hom.
23 Pourquoi n'avez-vous pas conduit changer les fers du cheval ? Il faut leur peigner la queue.	٢٣ علاش ما ودّيت شي العود باش يبدلوا الصفيحة لازم تمشط لهم الزفة *
Pourquoi pas tu as conduit chose le cheval pour ils changeront le fer il faut tu peignes à eux la queue.	a''lach ma oueddit chi al-a''oud bach ibedlou eç-çafihha lâzem temchoth le-hom ez-zaqa.
24 C'est bien, monsieur.	٢٤ ما عليّ (2) يا سيدي *
Combien sur moi ô monsieur.	ma a''leï-é ia sid-i.
25 Allons, montons à cheval.	٢٥ ايها نركبوا *
Allons montons à cheval.	aïha nerkebou.

(1) ما ذا بيّ *ma da bia*, idiotisme arabe, contraction pour ما هذا بيّ *ma hada bïa* (combien cela sur moi).

(2) ما عليّ *ma''aleïé*, autre idiotisme ; mot à mot : *combien sur moi*.

26 De quel côté irons-nous ?
De quel côté nous irons ?

٢٦ من اينا جهة نروحوا *
min aïna djiha neroubbou.

27 Du côté de Bab-Azzoun.
Du côté Bab-Azzoun.

٢٧ من جهة باب عزون *
min djihat bab azzoun.

28 Allons, partons.
Allons marchons.

٢٨ ايها نمشيوا *
aiha nemchiou.

29 Le temps est superbe aujourd'hui.
Le temps est lui bon aujourd'hui.

٢٩ الحال راه مليح اليوم *
al-hhal ra-ho mlihh el-ioum.

30 C'est vrai ; mais il fait très-chaud.
Par le vrai mais étant la chaleur beaucoup.

٣٠ بالصح لكن كاين السخانة بالزاف *
b-iç-cahh lakin kaïn es-skhana b-iz-zaf.

31 Peut-être pleuvra-t-il.
Peut-être il pleuvra.

٣١ يمكن يشتي *
iemken ichta.

32 C'est impossible, le vent est à l'est.
Impossible le vent est lui oriental.

٣٢ محال الريح راه شرقي *
moulhal er-rihh ra-ho charqi.

33 J'ai peur qu'il ne passe à l'ouest.
Je crains il reviendra occidental.

٣٣ نخاف يرجع غربي *
nekhaf irdja'' rharbi.

34 Peu importe, nous serons arrivés avant qu'il ne pleuve.
Pas a été chose avant que il pleuve nous arriverons.

٣٤ ما كان حاجة قبل ما يشتي نصلوا *
ma kân hhadja qbel ma ichta neçalou.

35 Quelle heure est-il ?
Combien est-elle l'heure ?

٣٥ قدّاش راهي الساعة *
qaddâch ra-hi es-saa''.

36 Il est midi.
Est lui le midi.

٣٦ راه الزوال *
ra-ho ez-zouâl.

37 Il est une heure.
Est elle l'une.

٣٧ راهي الواحدة *
ra-hi al-ouahhda.

38 Il est deux heures.
Est elle les deux heures.

٣٨ راهي الساعتين *
ra-hi es-saa''teïn.

39 Il est six heures et demie.	٣٩ راهي الستة و نصف (1).
Est elle les six et demie.	ra-hi es-setta ou nousf.
40 Il est sept heures un quart.	٤٠ راهي السبعة وربع *
Est elle les sept et quart.	ra-hi es-sba″a ou roub″.
41 Il est huit heures moins un quart.	٤١ راهي الثمانية غير رُبع *
Est elle les huit excepté quart.	ra-hi et-tmânia rheir roub″.
42 Combien nous faut-il pour arriver à votre campagne?	٤٢ بعد كم ساعة نصلوا الي الجنان متاعك *
Après combien heures nous arriverons à le jardin propriété de toi.	ba″d kam saa″ nçalou ila l-djenân mta″-ak.
43 Une heure et demie.	٤٣ بعد ساعة و نصف *
Après heure et demie.	ba″d saa″ ou nouçf.
44 Avez-vous des fruits dans votre campagne?	٤٤ عندك شي فاكهة بالزاف في الجنان *
Chez toi chose fruits beaucoup dans le jardin?	a″nd-ak chi fâkeha b-iz-zaf fi d-djenân.
45 J'ai des abricots, des amandes et de la vigne en quantité.	٤٥ عندي المشماش و اللوز و الدالية بالزاف *
Chez moi les abricots et les amandes et la vigne beaucoup.	a″nd-i el-meuchmâch ou al-louz ou ed-dâlia b-iz-zaf.
46 Et avez-vous des fleurs?	٤٦ و عندك شي النوار *
Et chez toi chose les fleurs?	oua a″nd-ak chi en-nouâr.
47 J'ai du jasmin, des roses, de la giroflée, des œillets, etc.	٤٧ عندي ياسمين و الورد و الخيلي و القرنفل و الباقي *
Chez moi jasmin et la rose et la giroflée et l'œillet et le reste.	a″nd-i iasmîn ou el-ouard ou el-kheili oua el-qronfol ou el-bâqi.
48 C'est magnifique.	٤٨ حاجة عظيمة *
Chose magnifique!	hhâdja a″dhîma.
49 La maison est-elle belle?	٤٩ البرج راه مليح شي *
La maison (de campagne) est-elle belle chose?	el-bordj ra-hou mlihh chi.

(1) On dit aussi, par corruption, نص *nouç (demi)*.

50 La maison est bien, mais elle exige des réparations.	٥٠ البرج مليح لكن يحبّ البنيان *
La maison bonne cependant elle veut la bâtisse.	el-bordj mlihh laken ibbeub el-beniân.
51 Avez-vous de l'eau?	٥١ عندك شي الماء *
Chez toi chose l'eau?	a"nd-ak chi el-ma.
52 J'ai de l'eau courante.	٥٢ عندي الماء جاري *
Chez moi l'eau courante.	a"nd-i el-ma djâri.
53 Avez-vous commencé à moissonner?	٥٣ بديت شي تحصد *
Tu as commencé chose tu moissonnes?	bdit chi teuhhçod.
54 Non, pas encore.	٥٤ لا ما زلت *
Non pas j'ai cessé (1).	la ma zelt.
55 Moissonnez-vous avec la faucille?	٥٥ تحصد شي بالمنجل *
Tu moissonnes chose par la faucille?	teuhhçod chi b-il-mandjal.
56 Certainement.	٥٦ بالصحّ *
Avec le vrai.	b-iç-çahh.
57 Comment battez-vous le blé?	٥٧ كيفاش تدرّس القمح *
Comment tu fais battre le blé?	kifâch tederrès el-qamhh.
58 Je le fais battre par des bêtes de somme.	٥٨ ندرّسه بالزوايل *
Je fais battre lui par des bêtes de somme.	nederrès-ho b-iz-zouaïl.
59 Et que faites-vous ensuite du grain?	٥٩ و اش توسّي بعدا بالقمح *
Et quoi tu fais ensuite avec le blé?	ou ach touessi ba"da b-il-qamhh.
60 Je le vends.	٦٠ نبيعه *
Je vends lui.	nebi"-ho.
61 Vendez-vous la paille?	٦١ تبيع شي التبن *
Tu vends chose la paille?	tebi" chi et-teben.
62 La vendez-vous cher?	٦٢ تبيع التبن غالي *
Tu vends la paille cher?	tebi" et-teben rhâli.

(1) Voir page 76 nos observations sur l'expression ما زال *ma zal.*

63 Non, pas très-cher; elle vaut quatorze francs le quintal.

Pas chose chère beaucoup elle vaut quatorze francs le quintal.

٦٣ ما شي غالي بالزاف يسوا
اربعتاش فرنك القنطار *

ma chi rhâli b-iz-zaf isoua arba''tach frank el-qonthar.

64 Qu'aimez-vous mieux de l'été ou de l'hiver?

Quel lui meilleur à toi de l'été ou de l'hiver?

٦٤ امّا هو خير لك مَن الصيف
او مِن الشتا *

amma hou kheir l-ak min eç çeïf aou min ech-chita.

65 J'aime mieux l'été.

L'été meilleur à moi.

٦٥ الصيف خير لي *

eç-çeif kheir l-i.

66 Et pourquoi?

Et pourquoi?

٦٦ و علاش *

ou a''lach.

67 Parce que pendant l'été on peut se rafraîchir comme l'on veut, et pendant l'hiver on ne se couvre jamais assez pour avoir chaud.

Parce que dans l'été tu peux tu rafraîchis ton âme (1) *comme tu veux et dans l'hiver pas tu suffis chose tu couvres ton âme pour tu te réchauffes.*

٦٧ علي خاطر في الصيف تنجم
تبرد روحك كما تحبّ و
في الشتا ما تكفي شي
تغطي روحك باش تدفي *

a''la khâther fi eç-çeïf tendjem tebred rouhh-ak kema tebheub oua fi ch-chita ma tekfi chi terhathi rouhh-ak bach tedeffa.

68 Vous avez raison.

Chez toi le vrai.

٦٨ عندك الحقّ *

a''nd-ak el-hhaqq.

69 Nous sommes arrivés, allons, descendons.

Nous sommes nous arrivons à la maison allons descendons.

٦٩ رانا وصلنا لِلبرج ايها
نهبطوا *

ra-na ouçelna l-il-bordj aiha nehbothou.

(1) Voir page 135.

TROISIÈME EXERCICE.

DIALOGUE sur des objets se rattachant à l'administration du pays arabe.

1 Où sommes-nous ?	١ واين رانا *
Où nous sommes ?	oueïn ra-na.
2 Sommes-nous près d'arriver chez les Beni Moussa ?	٢ قريب شي نصلوا عند اهل بني موسي *
Près chose nous arrivons chez gens Beni Moussa ?	qrib chi nçalou a''nd ahel beni moussa.
3 Oui, nous arriverons bientôt; il nous faut encore une heure.	٣ نعم قريب نصلوا عندهم ما زال لنا ساعة *
Oui bientôt nous arriverons chez eux encore à nous heure.	na''m qrib nçalon a''nd-hom ma zal le-na saa''.
4 Cette tribu est-elle considérable ?	٤ هذا العرش عنده غاشي *
Cette la tribu chez elle foule ?	had el-a''rch a''nd-ho rhâchi.
5 Oui, elle compte environ mille habitants.	٥ ايه تكون فيهم بالتدبير الف روح *
Oui est chez eux par le jugement mille âmes.	eh tkoun fi-hom b-it-tedbir elf rouhh.
6 On m'a dit que les Beni Moussa étaient cultivateurs.	٦ سمعت بلّي اهل بني موسي اهل الفلاحة *
J'ai entendu dire que gens (des) *Beni Moussa gens de culture.*	sma''t belli ahel beni moussa ahel el-flahha.
7 Dis-moi combien, à ton avis, ils emploient de paires de bœufs au labourage.	٧ بيّن لي علي تقدير ما يظهر لك في اعداد الزواج الذين يحرثوا بهم *

Fais voir à moi d'après possibilité ce que il paraît à toi dans nombres des jougs lesquels ils labourent avec eux.

beïen li a''la teqdir ma idhahar l-ak fi aa''dad ez-zouâdj elledin iehhretou bi-hom.

8 Monsieur, je ne veux pas mentir; pour ce qui est de cette année, je l'ignore. Mais l'an dernier ils ont labouré avec cent vingt paires de bœufs, et c'est d'après ce nombre que les listes pour le paiement de l'achour ont été établies par le Bureau arabe.

٨ يا سيدي ما نكذب عليك في هذا العام ما عندي عِلم و لكن عام الاوّل خرثوا بماية و عشرين زويجة وعلي هذا العدد خرجت(1) الجرايد مِن دار الاغه علي خلاص العشور *

O monsieur pas je mens sur toi dans cette année pas chez moi connaissance mais an le premier ils ont labouré avec cent et vingt jougs et d'après ce nombre est sortie les listes de la maison de l'aga sur paiement de l'achour.

ia sid-i ma nekdeb a''leï-k fi had el-a''am ma a''nd-i i''lm oua laken a''am el-aouel hharatou bi-mïa ou a''chrin zouidja oua a''la had el-a''dad kharadjet ed-djeraïd min dâr el-arha a''la khelaç el-a''chour.

9 Combien y a-t-il chez eux d'hommes en état de porter les armes?

٩ قدّاش عدد رجالهم الّي يقدروا علي رفوض السلاح

Combien nombre de leurs hommes qui peuvent sur le lever des armes?

qaddach a''ded ridjâl-hom elli iaqderou a''la refoudh es-slahh.

10 Il y a environ deux cents hommes qui possèdent des fusils et qui achètent de la poudre chez les Kabiles; leurs femmes confectionnent les cartouches.

١٠ اللّه اعلم عندهم نحو ميتين ترّاس الّي يكسبوا المكاحل و يشتروا البارود مِن عند القبايل و نساهم يصنعوا الفشاك

Dieu plus savant (2) chez eux environ 200 hommes qui possèdent les fusils et achètent la poudre de chez les kabiles et leurs femmes font les cartouches.

allah aa''lem a''nd-hom nahhou miteïn terras elli iksebou el-mkâhhel oua ichterou el-baroud min a''nd el-qbaïl oua nisa-hom içna''ou el-fchâk.

(1) Voir les observations sur la syntaxe, page 159.

(2) Idiotisme pour dire *environ*.

11 Dites-moi donc. voilà plus d'une heure que nous marchons et nous ne sommes pas encore arrivés.

١١ يا رجل اكثر من ساعة و احنا نتمشّوا و ما زلنا ما وصلنا شي *

O homme plus de heure et, nous nous marchons ensemble et pas encore (1) pas nous sommes arrivés chose.

ia radjel aktar min saa'' oua ahhna ntemechchou oua ma zelna ma ouçelna-ch.

12 Prenez patience; la route des montagnes est difficile; elle n'est pas unie comme celle des plaines.

١٢ مهّل روحك طريق الجبل وعرة ما هي شي مستوية كطريق الوطا *

Fais patienter ton esprit chemin de la montagne difficile pas lui chose uni comme chemin de la plaine.

meuhel rouhh-ak thriq ed-djebel oua''ra ma hi chi moustaouïa ke-thriq al-outha.

13 Attendez que nous ayons passé ce monticule, et vous verrez leurs tentes.

١٣ اصبر حتّي نجوزوا هذيك الكدية تبان لنا خيامهم *

Attendez que nous passerons ce monticule paraîtra à nous leurs tentes.

oçbor hhatta nedjouzou hadik el-koudia tbân le-na khiâm-hom.

14 Qui est kaïd des Beni Moussa?

١٤ مَن هو متولّي علي قيادة بني موسي *

Qui lui préposé sur kaïdat (des) Beni Moussa?

men houa mtouelli a''la qïadat beni moussa.

15 Un brave homme qui vous sert avec fidélité et dévouement et qui est incapable de vous trahir. Il administre avec justice.

١٥ رجل طيّب و يخدمكم بالصدق و النيّة عمره ما يخدعكم و يحكم في رعيته بالحقّ *

Homme bon et il sert vous par fidélité et dévouement (de) sa vie pas il trahira vous et il gouverne ses gens par la justice.

radjel thaïeb oua ikhdem-koum b-iç-çadq oua en-nïa a''mr-ho ma ikhda''-koum oua iahhkem fi ra''it-ho b-il-hhaqq.

16 Allons, assez; ne mentez pas, j'ai entendu dire que les Beni Moussa

١٦ بركة يا رجل ما تكذب شي سمعت بلي ناس بني

(1) Voir au sujet de l'expression ما زال nos observations, page 76.

étaient de mauvaises gens qui aimaient le désordre.

موسي ناس شياطين الّي يحبّوا الفساد *

Assez ô homme pas mens chose j'ai entendu dire que gens (des) Beni Moussa gens diables qui aiment le désordre.

barka ia radjel ma tekdeb chi sma''t belli nâs beni moussa nâs chiathîn elli ihheubbou l-fsâd.

17 Non, non, Monsieur, permettez-moi, on vous a trompé. Les Beni Moussa sont des gens pauvres qui n'aiment que la paix.

١٧ لا لا يا سيدي اسمح لي كذبوا عليك راهم ناس فلالين ما يفتشوا الا العافية *

Non non ô monsieur permettez à moi ils ont menti sur toi ils sont gens pauvres pas ils cherchent sinon la paix.

la la ia sid-i esmahh l-i kedbou a''leï-k ra-hom nâs guelalîn ma ifetchou illa el-a''fia.

18 Nous voici près d'arriver; précède-nous et fais savoir au kaïd que le chef du Bureau arabe arrive avec son escorte.

١٨ رانا قريب نصلوا اسبق قدّامنا و علّم القايد بقدوم الاغه المتولّي علي امور العرب راه جاي مع المحلّة *

Nous près nous arrivons précède devant nous et informe le kaïd de l'arrivée de l'aga le préposé sur affaires des Arabes il est venant avec la colonne.

ra-na qrib nçalou esboq qoddâm-na oua a''llem al-kaïd bi-qdoum el-arha al-mtouelli a''la oumour el-a''rab djaï ma'' el-mahhalla.

19 Salut, Kaïd ; je viens vous visiter et vous demander l'hospitalité.

١٩ السلامة يا القايد جيت نزورك و نتضيّق عندك *

Le salut ô kaïd je suis venu je visiterai toi et je m'hébergerai chez toi.

es-slâma ia el-qaïd djît nezour-ak oua ntedhaïef a''nd-ak.

20 Soyez le bien-venu ; vous nous amenez le bonheur.

٢٠ مرحبة بك زارتنا البركة *

(La) bien-venue sur toi a visité nous la bénédiction.

marhbaba bi-k zaret-na el-barka.

21 Montrez-nous où nous devons descendre, et faites donner promptement à manger aux bêtes.

٢١ لابد تعيّن لنا واين ننزلوا و تعجّل بعلف الزوايل *

Il faut tu montres à nous où nous descendrons et tu hâtes sur nourriture des bêtes de somme.

labed ta''ïen le-na oueïn nenzelou oua ta''djel bi-a''lf ez-zouaïl.

22 Certainement; combien avez-vous de bêtes?

٢٢ ما عليّ فدّاش من زايلة عندكم *

Combien sur moi combien de bêtes de somme chez vous?

ma aleï-é qaddach min zaila an''d-koum.

23 J'ai avec moi cent chevaux, cinquante mulets et trois chameaux, ensemble cent cinquante-trois bêtes de somme.

٢٣ عندنا ماية عود و خمسين بغلة و ثلاثة جمال جملتهم ماية و ثلاثة وخمسين زايلة *

Chez nous cent chevaux et cinquante mulets et trois chameaux leur totalité cent et trois et cinquante bêtes de somme.

a''nd-na mït a''oud oua khamsin barhla oua tlat djemâl djoumlet-hom mïa oua tlata oua khamsin zaila.

24 Kaïd, je désire que vous fassiez attention à mes paroles. Le général qui commande la province d'Alger a reçu des plaintes nombreuses contre vous au sujet de votre manque de franchise à notre égard et de votre inexactitude à lui obéir. Il m'a envoyé près de vous pour les vérifier, et savoir si elles sont vraies ou fausses. Le général se promet bien, s'il lui arrive de nouvelles plaintes contre vous, de vous destituer de vos fonctions.

٢٤ يا القايد نحبّك تعطي بالك لكلامي و انه الجنرال حاكم في اقليم الجزاير بلغت له شكاوات كثيرة عليك في قلة صفو نيتك معنا و امتثالك لاوامره فارسلني عندكم لاجل نميّز هذا الامر اذا هو صحّ او كذب و الجنرال حلف اذا يسمع عليك شكوة اخري يعزلك من وظيفتك *

O le kaïd je veux (que) toi tu donnes ton attention a ma parole certes que le général commandant province d'Alger est parvenue(1) à lui plaintes nombreuses sur toi sur

ia el-kaïd nebhenbb-ak ta''thi bal-ak li-klâm-i oua enn-o ed-djenéral hhâkem aqlim ed-djezaïr balarhet l-o chekaouât ktira aleï-k fi

(1) Voir les observations sur la syntaxe, page 159.

manque pureté de ton intention avec nous et négligences à ses ordres il a envoyé moi chez toi pour que j'examine cette affaire si elle vérité ou mensonge et le général a juré si il entend sur toi plainte autre il révoquera toi de ton emploi.

qollét çafou nit-ak ma″-na oua imtisâl-ak li-aouâmer-ho fa-arsal-ni a″nd-kom li-adjl nmeïez had el-amr ida houa çahh aou kedb oua ed-djeneral hhalaf ida isma″ a″leïk chekouat okhra ia″zel-ak min oudhifat-ak.

25 Seigneur aga, Dieu m'est témoin que je sers les Français avec franchise et de tout mon pouvoir. Il n'y a que de méchantes gens capables d'avoir inventé ces mensonges. Je suis en butte à la haine à cause de vous, et vous ne l'ignorez point.

٢٥ يا سيدي الاغه الله شاهد علي
اني خادمكم بالنية و فوق
جهدي هذا الكلام كله حديث
الشياطين و الناس كلها تكرهني
من جانبكم و لا يخفا عليك
الامر *

O seigneur l'aga Dieu témoin sur moi que moi servant vous avec l'intention et dessus mon effort ce discours tout entier histoire des démons et les hommes totalité(1) haïssent moi de votre côté et pas est cachée de toi la chose.

ia sid-i el-arha allah châhed a″leï-a en-ni khâdem-kom b-in-nïa oua fouq djehed-i had el-klâm koul-o hhadits ech-chiâthîn oua en-nas koul-ha tekrah-ni min djâneb-kom oua la iekhfa a″leï-k el-amr.

26 Kaïd, j'accepte vos explications et je m'en réjouis; que Dieu vous couvre de sa protection et qu'il fasse que tout ce qui a été dit contre vous soit faux.

٢٦ راني قابل و فارح لكلامك
يا القايد الله يبقي عليك
الستر و يجعل هذا الحديث
كله كذب *

Je suis acceptant et réjoui à ton discours ô kaïd (que) Dieu laisse sur toi le voile et place cette histoire tout entière mensonge.

ra-ni qâbel oua farehh li-klâm-ak ia el-kaïd allah ibqa a″leï-k es-setr oua idja″l had el-hhadits koul-o kedb.

27 Demain, s'il plaît à Dieu, Kaïd, je désire que vous nous prépariez le

٢٧ غدا ان شاء الله يا القايد
نحبوك توجد لنا الفطور لاننا

(1) الناس nom collectif; voir page 159.

déjeuner de bonne heure, parce que nous monterons à cheval avant le lever du soleil, afin d'arriver à Blidah avant la fermeture des portes de la ville.

نركبوا مع طلوع الشمس لاجل نصلوا الي البليدة قبل ينغلقوا بيبان المدينة *

Demain si il a plu à Dieu ô le kaïd nous désirons toi tu prépares à nous le déjeuner car nous nous monterons à cheval avec lever du soleil pour nous arriverons à Blida avant soient fermées les portes de la ville.

rhada in ch-allah ia el-kaïd nebhobbou-k toudjed le-na el-fthour le-en-na nerkebou ma'' thoulou'' ech-chams li-adjl neçalou ila el-blida qbel inrhalqou bibân el-mdina.

28 Le chemin n'est pas difficile?

٢٨ الطريق ما هي شي واعرة *

Le chemin pas lui chose difficile?

et-thriq ma hi chi oua''ra.

29 Non, non ; d'ici jusqu'à la ville, vous n'avez que de la plaine.

٢٩ لا لا من هنا حتي تصل الي البلاد ما كان قدامك غير الوطا *

Non non de ici jusqu'à ce que tu arrives à la ville pas a été devant toi sinon la plaine.

la la min hena (1) hhatta teçal ila l-blâd ma kân qoddâm-ak rheïr al-outha.

30 Que Dieu soit béni! mais il y a une autre route qui passe par les montagnes.

٣٠ الله يبارك و لكن كاينة طريق اخري التي تاخذ علي الجبال *

Dieu soit béni et mais étant route autre qui prend sur les montagnes.

allah ioubarek oua lakin kaïna thriq okhra elli takhod a''la ed-djebâl.

31 Il y en a une, mais éloignée d'ici, et difficile. Quant au vrai chemin, au mieux connu, à celui que prennent les voyageurs, il passe sur les marais de Sidi Aïd et débouche sur la ferme de Roumili. De là vous apercevez les minarets de la ville.

٣١ كاينة يا سيدي ولكن بعيدة و وعرة و اما الطريق الحقانية المعلومة الي يسيروا معها الناس هي التي تجوزكم علي مرجة سيدي عايد و تخرجكم الي حوش الروميلية من ثم تبان لكم صوامع المدينة *

(1) Vulgairement : *min-na.*

Etant ô seigneur mais éloignée et difficile et quant au chemin le vrai le connu lequel vont avec lui les gens lui celui qui fait passer vous sur marais (de) Sidi Aïd et fait sortir vous à (la) ferme la Roumilia de là paraîtront à vous minarets de la ville.

kaïna ia sid-i oua laken ba''ida oua oua''ra ou amma et-thriq el-hhaqqania el-ma''louma elli iesîrou ma-ha en-nas hia elleti tedjaouz-koum a''la merdjat sidi a''id oua tekharadj-koum ila hhaouch er-roumilia min temma thân li-koum çouâma'' el-mdina.

32 Merci, Kaïd, restez en paix.

٣٢ يسلمك يا القايد ابقي علي خير *

Merci ô le kaïd demeurez sur bien.

isellem-ak ia el-kaïd abqa a''la kheïr.

33 Allez en paix, que Dieu vous fasse arriver en bonne santé !

٣٣ روحوا بالسلامة الله يصلكم علي خير و عافية *

Allez avec le salut Dieu fasse arriver vous avec bien et santé.

rouhhou b-is-slama alla içal-koum a''la kheir ou a''afia

34 Quel est votre genre de culture?

٣٤ امّا هي فلاحتكم *

Quelle elle votre culture?

amma hïa flahhat-koum.

35 Seigneur, nous sommes pauvres, nous ne cultivons et semons que du blé et de l'orge. Nous avons aussi des prairies où se trouve de l'herbe tout le long de l'année.

٣٥ يا سيدي احنا فلالين ما نحرثوا و نزرعوا الّا القمح و الشعير و عندنا المروج الّي يوجد فيهم الحشيش علي طول العام *

O mon seigneur nous pauvres pas nous cultivons et semons sinon le blé et l'orge et chez nous les prairies qui se trouve dans elles l'herbe sur totalité de l'année.

ia sid-i ahhna guelâlin ma nahhratou oua nezra''ou illa el-qamhh oua ech-cha''ir oua a''nd-na el-mroudj elli ioudjed fi-hom el-hhachich a''la thoul el-a''âm.

36 Avez-vous des chevaux?

٣٦ عندكم شي الخيل *

Chez vous chose les chevaux?

a''nd-koum chi el-kheïl.

37 Nous en avons; mais ce ne sont pas des chevaux de selle.

٣٧ كاينين عندنا الخيل ولكن ما هم شي خيل امتاع السروج *

Etant chez nous les chevaux mais pas eux chose chevaux de selle.

kâinin a''nd-na el-kheil oua lakin ma houm chi kheil imta'' es-sroudj.

38 Dieu soit loué ! rien ne vous manque.

٣٨ الحمد لله ما يخصكم خير *

La louange à Dieu pas manque (à) vous bien.

el-hhamd l-illah ma ikhoç-koum kheir.

39 C'est vrai, Monsieur; mais nous nous fatiguons à travailler et notre travail ne nous rapporte rien. Tant que nous aurons notre kaïd, nous n'aurons que honte et malheur; Dieu veuille que vos cœurs s'attendrissent et que vous nous en débarrassiez!

٣٩ بالصحّ يا سيدي ولكن اعيينا نخدموا و الخدمة ما تنفعنا بشي ما دام هذا القايد علينا كبير و نحن في عيشة الذلّ و الشرّ الله يحنّن قلوبكم علينا و يهنّينا منه *

Avec le vrai ô mon seigneur mais nous fatiguons nous travaillons et le travail pas nous sert de chose tant que ce le kaïd sur nous grand et nous dans vie de honte et de malheur Dieu attendrisse vos cœurs sur nous et débarrasse nous de lui.

b-iç-çahh ia sid-i oua lakin a''iana nekhdemou oua el-khedma ma tenfa''-na bi-chei ma dâm had el-kaid a''leï-na kbir oua nahhn fi a''ichat ed-dell oua ech-charr allah ihhannan qloub-koum a''leï-na oua ihenni-na min-ho.

40 Que voulez-vous dire ?

٤٠ كيفاش راك تقول *

Comment tu es tu dis?

kifach ra-k tqoul.

41 C'est la vérité ; indépendamment de l'achour (1) que nous payons au gouvernement comme impôt, le kaïd prélève chaque année le cinquième sur l'ensemble des biens de la tribu. C'est un prélèvement qu'il fait à l'insu de l'administration et qu'il opère à son bénéfice.

٤١ هذا هو الصحّ من خلاف العشور الذي ندفعوا في غرامة البايليك القايد ياخذ منّا في كلّ عام الخمس علي جملة مال الجماعة و هذي ياكلها في كرشه و ما يسمع بها المخزن *

(1) *Achour* signifie *dixième, dîme.*

Cela lui la vérité en outre de l'achour que nous payons pour impôt du beylik le kaïd prend de nous dans chaque année le cinquième sur ensemble biens (de) la tribu et cette (part) il mange elle dans son ventre et pas entend parler sur elle l'administration.

hada hou eç-çahh min khelaf el-a''chour alledi ned-fa''ou fi rheramat el-beylik el-kaïd iakhod min-na fi koll a''âm al-khoums a''la djoumlat mâl ed-djema''a oua hadi iâkol-ha fi keurch-o oua ma isma bi-ha el-makhzen.

42 C'est une grande injustice, pourquoi ne vous plaignez-vous pas au Bureau arabe?

٤٢ هذا ظلم كبير عليكم علاش ما اشتكيتوا للاغه ❊

Cela injustice grande sur vous pourquoi pas vous êtes vous plaint à l'aga?

hada dholm kbîr a''leï-koum a''lach ma ichtekitou l-il-arha.

43 Monsieur, nous sommes fatigués de nous plaindre; personne ne nous écoute. Nous mettons notre confiance en Dieu et en votre gouvernement.

٤٣ يا سيدي اشتكينا حتى انغلبنا ما كان من نصت لكلامنا رانا صابرين لله و ليحكم دولتكم ❊

O mon seigneur nous nous sommes plaints tellement que nous sommes fatigués pas a été qui a prêté l'oreille à nos paroles nous sommes attendants en Dieu et en celui qui gouverne votre pays.

ia sid-i ichtekina hhatta inrhalabna ma kân men noçot li-klâm-na ra-na çaberîn l-illah oua li-iahhkem doulét-koum.

44 Quel jour se tient votre marché?

Quel le jour a lieu votre marché?

٤٤ اش من النهار يعمر سوقكم ❊

ach men en-nehâr ia''mer souq-koum.

45 Notre marché se tient le jeudi; on y trouve de tout, il ne manque rien, Dieu merci! nous demandons au Ciel de perpétuer chez nous les bienfaits de la paix.

٤٥ سوقنا يعمر بنهار الخميس و يوجد فيه كل خير ما يخصّنا شي الحمد لله نطلبوا من الله تعلي يدوم علينا العافية ❊

Notre marché a lieu le jour le cinquième et se trouve dans lui tout bien pas il nous manque chose la louange à Dieu nous demandons

souq-na ia''mer bi-nehâr el-khamis oua ioudjed fi-h koll kheïr ma ikhoç-na chi el-hhamd l-illah nethlobou min

de Dieu très-haut il perpétue sur nous la tranquillité.

allah ta''la idoum a''leï-na el-a''afia.

46 **Avez-vous de l'eau?**

A été chose chez vous l'eau?

٤٦ كان شي عندكم الماء *

kân chi a''nd-koum el-ma.

47 Nous en avons suffisamment pour le ménage; mais nous ne buvons que de l'eau de puits, car la rivière est trop loin.

L'eau se trouvant chez nous sur ce que il nous suffit au boire et au laver mais nous buvons sinon de les puits parce que la rivière éloignée de nous.

٤٧ الماء موجود عندنا علي ما يكفينا للشراب و الغسيل لكن نسقوا غير من الابيار لان الواد بعيد عنا *

el-ma moudjoud a''nd-na a''la ma iekfi-na l-il-chrâb oua er-rhassil laken nsaqqou rheïr min el-abiâr le-en el-ouâd ba''id a''n-na.

48 Avez-vous des malades?

A été chose chez vous des malades?

٤٨ كان شي عندكم مرضى *

kân chi a''nd-koum moradha.

49 Grâce à Dieu, l'air de notre tribu est sain. Quand quelqu'un de nous est pris de la fièvre, nous écrivons au taleb qui le guérit.

La louange à Dieu notre pays son air bon quand tombe malade un chez nous par la fièvre nous écrivons au taleb et lui le guérit.

٤٩ الحمد لله بلادنا هواها طيّب كيف يمرض واحد عندنا بالحمّى نكتبوا للطالب و هو يشفيه *

el-hhamd l-illah blâd-na haoua-ha thaïeb kif imrohd ouahhad a''nd-na b-il-hamma nektobou l-il-thâleb oua houa iechfi-h.

50 Avez-vous des médecins pour soigner vos malades ou vos blessés?

Chez vous chose les médecins ils soignent vous quand est malade ou est blessé un de vous?

٥٠ عندكم شي الاطبّا يداوكم لما يمرض او ينجرح واحد منكم *

a''nd-koum chi el-athobba iedaou-koum lemma imrodh aou iendjrahh ouahhad min-koum.

51 Je viens de vous le dire, Monsieur, nous n'en avons que faire.

Je suis j'ai dit à toi ô mon seigneur pas chez nous quoi nous ferions d'eux.

٥١ راني قلت لك يا سيدي ما عندنا ما نديروا بهم *

ra-ni qolt l-ak ia sid-i ma a''nd-na ma nedirou bi-houm.

52 Dis donc, vieillard, n'as-tu pas ren-

٥٢ يا الشيخ تلاقيت شي ببعض

con.ré sur ton chemin des troupes en marche qui se dirigeaient vers l'est?

من العساكر ماشيين و قاصدين ناحية الشرق *

O vieillard tu as rencontré chose avec quelque de les troupes allant et gagnant le côté de l'est?

ia ech-cheikh tlâqit chi bi-dad min '-a''saker mâchiin oua qaçedîn nahhiat ech-charq.

53 Oui, Monsieur, il n'y a qu'un moment que je les ai rencontrées. Elles doivent être arrivées à la grotte du Lion.

٥٣ ايه يا سيدي غير كيف تلاقيت بهم وقيلا وصلوا غار السبع *

Oui ô mon seigneur rien (de temps) comme j'ai rencontré avec elles sans doute elles sont arrivées (à la) caverne du lion.

eh ia sid-i rheir kif tlâqit bi-houm ouaqila ouçlou rhâr es-seba''.

54 Où est cette caverne? Dans quelle direction se trouve-t-elle?

٥٤ واين جاء هذا الغار اش من جهة راه *

Où est venue cette la caverne duquel de côté elle est?

oueïn dja had el-rhâr ach min djiha ra-hou.

55 Allez tout droit, et quand vous aurez passé cette montagne qui est là-bas, là-bas, vous la verrez dans la plaine.

٥٥ امشي قبالك و كيف تفوت هذاك الجبل راه راه واينه يقابلك في الوطا *

Vas devant toi et quand tu passeras cette la montagne vois elle vois elle où elle sera devant toi dans la plaine.

emchi qbâl-ak oua kif tfout hadak ed-djebel ra-hou ra-hou oueïn-ho iqabel-ak fi l-outha.

56 Merci, et que Dieu soit miséricordieux pour tes aïeux!

٥٦ الله يسلمك و يرحم واليدك *

Dieu conserv toi et fasse miséricorde à es aïeux.

allah isellem-ak oua ierhham oualid-ak

LES

FORMULES DE LA CIVILITÉ ARABE

D'après les documents fournis par M. le général de division DAUMAS, conseiller d'État, directeur des affaires de l'Algérie.

Lorsque l'on est appelé à vivre avec le peuple arabe, ce qu'il importe le plus essentiellement de connaître, après sa langue, ce sont les formules et les règles de sa politesse.

En effet, si à chaque instant on trahit par des manières en opposition avec les siennes une origine étrangère, on peut être assuré que l'Arabe se tiendra vis-à-vis de vous sur la défensive et cherchera à vous paraître non pas tel qu'il est en réalité, mais tel qu'il a intérêt à être jugé.

Au contraire, parlez convenablement sa langue, conformez-vous aux règles de sa politesse, ne froissez ni ses mœurs, ni ses préjugés, il arrivera que, négligeant momentanément sa défiance, l'indigène oubliera que vous appartenez à une autre nation, à un autre culte, et alors, avec un peu d'habileté, vous pourrez profiter de cette inadvertance, pour je ne dirai pas lire dans sa pensée, mais au moins la deviner.

Nous ajouterons que la connaissance de la civilité arabe est d'autant plus nécessaire que tous les indigènes, quel que soit le degré de l'échelle sociale à laquelle ils appartiennent, manquent rarement à ses règles, et que, par conséquent, toute infraction qui y est faite est par cela même plus remarquée.

Nous croyons donc faire une chose utile, non-seulement pour ceux qui étudient, mais encore pour ceux qui savent l'arabe, en présentant une sorte de formulaire de la civilité de ce peuple. Ce formulaire, nous avons hâte de le dire, et d'en exprimer toute notre reconnaissance à son auteur, nous en devons la communication à la bienveillance de l'homme qui a le plus étudié et le mieux appris le peuple arabe : nous avons nommé M. le général DAUMAS.

FORMULES DE LA CIVILITÉ ARABE

SALUTATIONS

LE MATIN.

صباح الخير Bonjour.
نهارك مبروك Que ton jour soit béni.

PASSÉ MIDI.

مسا الخير Bonsoir.
مساكم بخير Que votre soir soit heureux.
مساكم مبروك Que votre soir soit béni.

A TOUTE HEURE.

سلامٌ عليكم (1) Le salut sur vous.
وعليكم السلام Et sur vous le salut.
السلامة Le salut.

(1) Voici en quels termes M. le général Daumas * explique les différents gestes qui doivent accompagner la salutation arabe :

« L'inférieur salue son supérieur en lui baisant la main s'il le rencontre à pied, le genou s'il le trouve à cheval.

» Les *Marabouts* et les *Tolbas*, les hommes de la religion à quelque titre » qu'ils lui appartiennent, savent concilier la fierté qu'au fond du cœur ils ont

* *Mœurs et coutumes de l'Algérie*, un vol. in-18, chez Hachette.

اش انت واش حالك (1)	Comment es-tu ? quel est ton état?
كي راك	Comment es-tu?
كي راك داير	Comment vas-tu ?
راك بخير الله ينجيك	Tu es bien portant ; que Dieu te préserve.
مرحبا بكم	La bienvenue sur vous.

Réponses.

بخير الحمد لله	Bien, louange à Dieu !
بخير الله يسلمك	Bien, que Dieu t'accorde le salut.
بخير الله يستر عليك	Bien que Dieu te couvre (de sa protection.)
بخير الله يبارك فيك	Bien, que Dieu te bénisse.
بخير وعافية	Avec le bien et la santé.
ما يخصني شي غير وجهك وطول عمرك	Il ne me manque rien que ta vue et la prolongation de ta vie.
ما نطلبوا ربي غير في كثر وطول عمرك	Je ne demande à Dieu que de multiplier et de prolonger tes jours.

» pour la sainteté de leur caractère, l'orgueil de leur caste, avec leur pieuse humilité.

» Ils retirent vivement la main, mais ne la dérobent au baiser qu'après que le simple fidèle s'est mis en posture de le donner.

» Ils se prêtent à une respectueuse accolade et se laissent effleurer des lèvres la tête ou l'épaule. C'est une caresse qui ne se sent pas de la superbe salutation qu'exigent les puissants de ce monde.

» Quand un inférieur à cheval aperçoit sur sa route un homme tout à fait considérable, il met pied à terre de loin pour lui embrasser le genou.

» Deux égaux s'embrassent sur la figure, ou s'ils ne sont pas liés, se touchent légèrement la main droite et chacun se baise ensuite l'index. »

(1) Cette formule revient perpétuellement dans la bouche des arabes. Si une conversation s'arrête un instant, l'un des interlocuteurs la reprend aussitôt en disant : *ach enta ouach halak ;* puis la conversation continue.

MANIÈRE DE SALUER UN JUIF (1).

الله يعونك Que Dieu te soit en aide.
الله يعيشك Que Dieu te fasse vivre.

MANIÈRE DE DEMANDER DES NOUVELLES DE LA FEMME (2).

كي راهي عيالك Comment est ta famille ?
كي راهم البني ادام Comme sont les enfants d'Adam?
كي راهم في الدار Comment sont-ils dans la maison?
كي راهم في الخيمة Comment sont-ils dans la tente?

A QUELQU'UN QUI ARRIVE DE VOYAGE.

الحمد لله على السلامة Louange à Dieu à cause de ton salut.
مرحبا بك جيت بخير La bienvenue sur toi, tu es arrivé avec le bien.
نحمد الله الى جيت بخير Je rends grâce à Dieu de ce que tu arrives avec le bien.

(1) L'arabe ne salue pas l'israélite le plus considérable de la même manière qu'il salue le dernier des musulmans, et sans doute, si ce n'était la crainte, il en serait de même pour nous vis-à-vis desquels il emploie cependant les formules les plus obséquieuses parce que nous sommes forts. Il ne dira donc pas à un Juif : *Selamou alikoum*; il croira avoir assez fait pour lui lorsqu'il aura exprimé le vœu que Dieu le fasse vivre (*Allah ïaicheuk*).

(2) Il arrive souvent que des européens peu initiés aux mœurs indigènes demandent directement à un arabe des nouvelles de sa femme, sans se douter qu'ils commettent une grave impolitesse vis-à-vis de leur interlocuteur. Les arabes qui sont en rapports fréquents avec nous ont fini par s'y habituer, mais il n'en est pas moins vrai qu'à un homme de tribu il serait inconvenant de poser cette question.

C'est seulement par des détours semblables à ceux qui sont indiqués plus haut que l'on peut témoigner à un arabe l'intérêt que l'on porte aux siens. En agir autrement ce serait le froisser, manquer à l'une des premières règles de la civilité, et, par contre, donner une mauvaise opinion de son éducation et de soi-même.

ADIEUX.

ابقى على خير(1)	Reste avec le bien.
خليناك بخير	Je te laisse avec le bien.
ابقوا على خير	Restez avec le bien.
الله يجمعنا في ساعة الخير	Que Dieu nous réunisse dans un moment prospère.
الله يجمعنا في ساعة مبروكة	Que Dieu nous réunisse dans un moment béni.
دايم نسمعوا عليكم الخير	Que toujours je n'apprenne que du bien à votre sujet.
تحلى في روحك	Aie soin de toi.
تحلى في الخيمة	Aie soin de ta tente.
تمسا على خير	Que ton soir soit avec le bien.
سفرك مبروك	Que ton voyage soit béni.

Réponses (2).

امشى بالسلامة	Vas avec le salut.
روح بالسلامة	Vas avec le salut.
في امان الله	Sous la protection de Dieu.
طريق السلامة	(Suis) le chemin du salut.
طريق العافية	(Suis) le chemin de la paix.
الله يكون معك	Que Dieu soit avec toi.
الله يُصلك على خير ويجيبك على خير	Que Dieu te fasse arriver avec le bien et te ramène avec le bien.
الله يجعلك تلقى الخير	Que Dieu t'accorde de ne rencontrer que le bien.

(1) Ces formules sont prononcées par la personne qui s'en va, mais s'il y a une réunion chez la personne que l'on quitte, on doit sortir sans saluer.

(2) Les formules suivantes sont prononcées par la personne qui reste.

تصبح بخير وعافية Chaque matin sois avec le bien et la santé.

ما رانا شي شبعنين من جمعتك Je ne suis pas encore rassasié de ta compagnie.

A QUELQU'UN QUI ÉTERNUE.

رحمك الله Que Dieu te soit miséricordieux.

Réponse.

والديّ ووالديك في الجنّة Que mes parents et les tiens soient dans le paradis.

A QUELQU'UN QUI VIENT DE BOIRE.

صحّة La santé.

Réponse.

يسلمك Que Dieu t'accorde le salut.

AVANT DE MANGER (1).

بسم الله Au nom de Dieu !

APRÈS LE REPAS.

الحمد لله Louange à Dieu !

REMERCIEMENTS ET SOUHAITS.

الله يكثر خيرك Que Dieu augmente ton bien.
يسلمك Merci.

(1) Ce sont les premiers mots du Koran ; les arabes les prononcent non-seulement au commencement du repas, mais encore dans beaucoup d'autres circonstances de la vie ordinaire.

الله يزيد بى رزفك	Que Dieu augmente tes richesses.
الله يرزفك	Que Dieu te rende riche.
الله يخالف عليك	Que Dieu te le rende.
الله يجازيك بخير	Que Dieu te récompense avec le bien.
الله يبارك بيك	Que Dieu te bénisse.
الله يستر عليك	Que Dieu te couvre (de sa protection).
الله يميّتك مستور	Que Dieu te fasse mourir sous sa protection.
الله يرحم واليديك	Que Dieu soit miséricordieux pour tes parents.
الله يسعدك	Que Dieu te rende heureux.
الله يربحك	Que Dieu te fasse gagner.
الله يجعلك تموت بى الجهاد	Que Dieu te fasse mourir dans la guerre sainte (1).
الله يميتك على شهادة	Que Dieu te fasse mourir avec le témoignage.
الله يميتك على براش طاعة	Que Dieu te fasse mourir sur un lit de soumission.
الله يجعلك كى الحوتة مطلية بالصابون تنحكم وتفلت	Que Dieu te rende comme un poisson enduit de savon ; on le saisit et il s'échappe.
اللى ولدتك تزيد ماية مثلك	Que celle qui t'a donné le jour en fasse cent comme toi.
الله يكمل مرادك	Que Dieu accède à tes vœux.

PRIÈRES.

وراسك	Par ta tête.
على وجه ربّى	Par le visage de Dieu.
على خاطر ربّى	Pour l'amour de Dieu.
وراس ابوك	Au nom de ton père.

(1) Ce ne serait pas, bien entendu, un chrétien qui devrait se servir de cette formule.

يا سيدى انا خديمك	O monseigneur, je suis ton serviteur.
يا سيدى انا كلبك	O monseigneur, je suis ton chien.
يا سيدى نبقى لك خديم	O monseigneur, je resterai ton serviteur.
الله يجعلك من اصحاب النبى	Que Dieu te range parmi les amis du prophète.
يا سيدى الله يطول عمرك ويكثر خيرك	O monseigneur, que Dieu prolonge tes jours et augmente ton bien.
لابد توقف علىّ رانى مسمى على ربى وعليك وريشة من جناحك ما عندى غير انت وربى	Il faut que tu t'occupes de moi. Je suis nommé avec Dieu et avec toi; je suis une plume de tes ailes; je n'ai (pour me protéger) que toi et Dieu.

SERMENTS.

والله	Par Dieu.
بالله	Par Dieu.
والله العظيم	Par le Dieu Tout-Puissant.
براس رسول الله	Par la tête du prophète de Dieu.
امانة الله	Par la croyance en Dieu.
وحقّ النبى	Par la vérité du prophète.
ينعل دينى	Que ma religion soit détruite !
ربّى يخلى سرجى	Que Dieu rende ma selle vide.
ربّى يبقينى بين القوم والقوم	Que Dieu me fasse rester entre deux goums.
وراسى وراسك	Par ma tête et par ta tête
ببركة سيدى احمد بن يوصف مولا ميليانة له العود سبع والحنش لجام	Par la bénédiction de Sidi-Ahmed-Ben Iousef, maître de Milianah, qui a pour cheval un lion et pour bride un serpent.

CONSOLATIONS A L'OCCASION D'UNE MORT.

وسّع خاطرك لازم نموتوا ما يبقى غير ربّى	Elargis ton cœur, il nous faut mourir; rien ne reste que Dieu.

الموت فرض على ركابنا لازم نخلصوه	La mort est un impôt qui pèse sur nos têtes ; il nous faut l'acquitter.
البركة فى راسك ربى يعطيك الصبر	Que la bénédiction soit sur toi ; que Dieu te donne la patience.

CONSOLATIONS A L'OCCASION DE LA MORT D'UNE FEMME.

مكتوب ربى	C'est un décret de Dieu.
الله يجعل البركة فى اولادها نحمد ربى خلت اولادها كبار	Que Dieu place la bénédiction sur ses enfants ; je rends grâces à Dieu, elle a laissé ses enfants déjà grands.

CONSOLATIONS A UN BLESSÉ.

وسع خاطرك ما كان احد كيفك انجرحت فى الجهاد وربى رشمك باش ما ينساك	Elargis ton cœur, il n'y en a pas un autre comme toi ; tu as été blessé dans la guerre sainte, Dieu t'a fait une marque pour ne point t'oublier.

CONSOLATIONS A UN MALADE.

ما تخمم شى ايام المرض معدودة عند الله	Ne te préoccupe pas ; les jours de la maladie sont comptés chez Dieu !
لا باس عليك ما عندك شى ان شا الله (1)	Allons, ce n'est rien s'il plaît à Dieu !
شد روحك لونك مليح ذالوقت ربى يعطيك الشفا ان شا الله	Courage, ta couleur est bonne, Dieu te donnera la guérison, s'il plaît à Dieu.

(1) L'expression d'*in challah* est perpétuellement dans la bouche des arabes. Dès l'instant qu'ils parlent d'une chose future, ils ajoutent ces mots à leur phrase, témoignant ainsi de leur soumission à la volonté de Dieu. Ils diront donc : *j'irai demain, s'il plaît à Dieu ; je vais revenir, s'il plaît à Dieu.*

A QUELQU'UN QUI VOUS PRÉSENTE SON ENFANT, OU QUI VOUS MONTRE UN CHEVAL.

مبروك Qu'il soit béni (1).

Réponse.

البركة فى راسك La bénédiction sur ta tête.

(1) Parmi les préjugés Arabes, celui qui est le plus répandu, c'est la croyance dans les sorts, dans le mauvais œil (*aïn*), que l'on peut jeter sur un individu, ou sur une chose.

Pour rassurer à cet égard les arabes, il convient donc de se servir de la formulè qu'ils emploient eux-mêmes et qui a pour effet d'écarter tout sortilége.

FIN.

TABLE DES MATIÈRES

FIN DE LA TABLE DES MATIÈRES.

Poissy. — Typographie Arbieu.

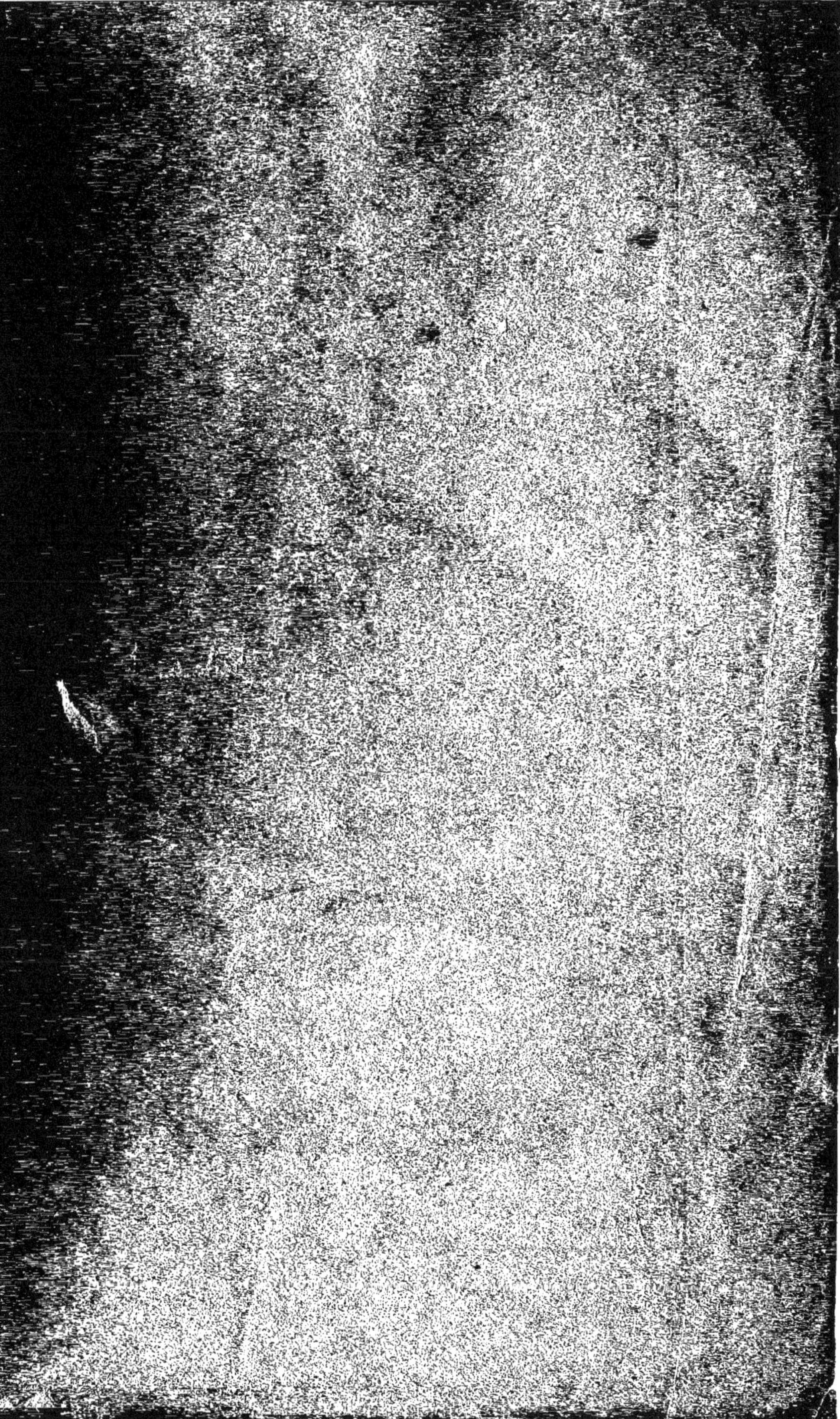

OUVRAGES DU MÊME AUTEUR:

ABRÉGÉ DE GÉOGRAPHIE EN ARABE, AVEC TRADUCTION FRANÇAISE ET DES CARTES, A L'USAGE DES ÉCOLES MUSULMANES FRANÇAISES DE L'ALGÉRIE. — Un volume in-8. Prix. . . . . 2 fr. »

MÊME OUVRAGE, SANS LA TRADUCTION FRANÇAISE. — Prix. . . . 1 fr. 50

POISSY. — TYPOGRAPHIE ARBIEU.

www.ingramcontent.com/pod-product-compliance
Ingram Content Group UK Ltd.
Pitfield, Milton Keynes, MK11 3LW, UK
UKHW012029240726
13965UKWH00002B/662

9 782013 022668